LA PROCESSION INTÉRIEURE

Séraphim Bukasa

Éditions Theurgia

www.theurgia.us

Éditeurs : Jean-Louis de Biasi - Patricia Bourin

Éditions Theurgia © 2018

2251 N. Rampart Blvd #133, Las Vegas, NV 89128, USA

secretary@theurgia.us

Fabriqué aux États-Unis

ISBN : 978-1-926451-09-1

Découvrez les autres publications de "Theurgia"

www.theurgia.us

Pour la Lionne

SOMMAIRE

AVANT-PROPOS

Cet ouvrage pourrait se présenter comme une démarche d'études individuelles sur les différents systèmes ésotériques. Mais elle apparait surtout comme une réponse à soi-même sur l'ésotérisme, une réponse par rapport au nombre des critiques qui chevauchent dans les rues, au détriment des écoles philosophiques et des pratiques des mystères.

Notre société souffre d'un manque d'information et nous le savons. Beaucoup des jeunes gens écrivent sur Facebook et sur d'autres réseaux sociaux, du web, cherchant des contacts qui peuvent leur donner l'espoir d'une connaissance mystico-ésotérique ; mais beaucoup sont aussi ceux qui tombent entre les mains des impies et cupides qui leurs soustraient frauduleusement de l'argent. L'exemple est celui des groupes "illuminati" circulant sur Facebook. Les victimes dont nous avons eu contact sont innombrables.

Beaucoup aussi, sont ceux qui se perdent par leur propre vision erronée des choses. "On ne devient pas riche en adhérant à un groupe ésotérique" ; "on ne devient non plus mystique pour se venger de toute personne qui vous monte sur l'orteil". Pensez plus tôt que toute chose est régie par des lois, des principes qui s'appliquent à tous, et ce, à tous les niveaux. Si le motif est mal choisi, il en sera autant pour le reste. N'oubliez pas l'adage qui dit "qui se rassemble, se ressemble"[1].

---

[1] Généralement on dit, « qui se ressemble se rassemble », voir notre position au point VI suivant.

Mais on peut bien avoir des avantages d'ordre existentiel par un parler juste et une belle philosophie.

Nous avons essayé de porter une réponse à juste titre, une réponse sans attachement, ni dogmatisation pour celui qui voudrait se mettre sur la voie. C'est avant tout un cheminement individuel, donc une procession intérieure.

Il est possible d'une spiritualité sans religion, sans crédos, sans articles de fois, juste pour l'amour du beau et l'amour du bien. Tout comme il peut exister une prière sans Dieu, sans Bouddha, sans Allah, sans Jésus… juste, pour la voix de son âme, juste pour l'amour de cette beauté intérieure.

Une prière, un rituel et un symbole bien étudiés, demeurent des outils véridiques d'une bonne impression des idées formes et des formes pensées sur la subconscience humaine.

LES MYTHES D'UN VOYAGE

- *"… mon enfant Horus, il s'éleva de terre un esprit très fort, dégagé de toute enveloppe corporelle et puissant en sagesse, mais sauvage et redoutable. Quoiqu'il n'ignorât pas ce qu'il demandait, voyant que le type du corps humain était beau et auguste d'aspect et s'apercevant que les âmes allaient entrer dans leurs enveloppes, il dit : "Quels sont ceux-ci, Ô Hermès, secrétaire des Dieux ?"*

- *"Ce sont les hommes" dit Hermès*[2].

Nous avons tous entendu parler de la traversée de la vie comme s'il s'agissait d'un voyage. Nous avons tous dit "Adieu !" à nos frères et à nos sœurs passés à l'orient éternel pour l'illustrer… comme s'ils devraient nous attendre sur un pont avec engouement d'accueil une fois traversés à notre tour.

A l'interrogation de l'histoire, que ce soit le voyage moyenâgeux quand les hommes devraient marcher à pieds, munis d'un seul bâton et d'une gibecière sur des distances inédites ; que ce soit dans un chariot ou à cheval ; que ce soit encore dans une voiture à manivelles ou au temps modernes dans un porche, sur la mer ou dans les airs, le voyage est parmi les évènements les plus anxieux. Le niveau de l'anxiété est fonction de plusieurs facteurs entre outre la raison du voyage même, le degré de connaissance sur la destination, l'amour abandonné derrière soi, etc.

Le détachement !

---

[2] Jean-Louis De BIASI, LIVRES SACRES HERMETISTES, Adaptation et traduction, Editions Theurgia, 2014, p81

Le plus souvent le voyage qui s'effectue avec une idée de non-retour est plus angoissant. Comme le voyage d'un immigré !

Dans un contexte général, le voyage requiert une volonté, une action délibérée, un point de départ et un point d'arrivée. C'est pourquoi un déporté ne se dit pas "voyager", encore moins un déplacé de guerre… Le fait de ne pas avoir de choix, n'inspire pas le terme voyage. Le langage courant parle également de voyage initiatique comme d'un voyage où les épreuves ont été au rendez-vous de valeurs nouvelles pour la personne concernée.

De l'histoire contemporaine, on cite les explorateurs qui allaient à la découverte des nouvelles contrées. Des richesses cachées aux coffins de la planète… La route de la soie… les épices… Christophe Colomb, l'un d'eux, crut arriver aux Indes orientales, alors qu'il se retrouvait aux Amériques. Ou encore Ferdinand de Magellan qui s'est distingué par des circumnavigations… ces navigateurs une fois sur la mer, ils étaient comme morts pour leurs familles, amis, amours etc. on pouvait garder d'eux que la mémoire et les messages d'outre tombes ; quoi qu'ils vivaient quelque part, en Afrique, en Asie, aux Amériques…

La pensée populaire rattache très facilement le passage de la vie par la naissance à une autre vie par la mort comme un voyage. Le philosophe comme le religieux en expose dans l'idée d'un passage dont le jeu de souvenirs est le seul bagage qui s'emporte entre plusieurs étapes, avant ou après la présente vie. L'âme devrait survivre. Ce qui est évident l'homme nait – se développe et meurt. Ces deux bouts "d'évènement-temps" (naissance – mort) renferment une trajectoire qui convient à l'idée évoquée. Cette notion de "voyage" peut aussi être tirée de la sagesse populaire entre les expressions du genre : *"sentier de la vie, chemin de la vie etc."* ou par le sens du questionnement : *"d'où venons-nous ? Où allons-nous ? Où sommes-nous ?..."*

La tradition judéo-chrétienne, celle, très "protestantisée" dans notre milieu socioreligieux, rapporte, dans ses canons, Moïse dans ses pentateuques avec deux exemples majeurs qui retiennent notre attention sur les mythes de voyage. Le premier est celui d'Abraham qui devrait quitter sa patrie d'Ur (Chaldéenne), suivant une alliance secrète avec les Dieux, pour Harân, puis Canaan, ensuite vers l'Egypte puis retour à Canaan... Ceci devrait marquer un périple et en même temps une mutation dans ses pratiques religieuses : des rencontres d'épreuves nouvelles sur différents tons culturels, dignes d'un voyage initiatique, suivi de l'abandon des traditions ancestrales pour des méthodes propres à lui et dictées par les ELOHIM.

Le second est celui de l'exode... Un groupe d'esclaves descendants de la même lignée d'Abraham quitta l'Egypte, lieu de leur rétention et formation, pour une Terra Nova, qu'ils ont retrouvé après quarante ans de lutte acharnée et d'errance dans le désert.

Une analyse brève s'impose sur le personnage mythique d'Abraham d'une part et du lieu aride et d'errance qu'est le désert d'autre part. Cette brève analyse se fait au moyen de la *Guematria* : une interprétation d'un mot par l'estimation de valeur qu'il représente au travers les lettres qui le compose, dans la tradition Kabbalistique[3]. [...] Sous parenthèses, la tradition kabbalistique présente en effet trois interprétations des textes sacrés : une lecture simple, une interprétation symbolique et figurée et une compréhension

---

[3] La kabbale est la mystique juive qui peut se définir comme une « tradition », lorsqu'elle s'écrit avec un « C » et une chaine initiatique lorsqu'elle s'écrit avec un « K », consistant en une explication rationnelle de la création et permet de comprendre les relations intimes qui existent entre le créateur et le crée. (www.okrc.org)

hiéroglyphique ésotérique et sacrée. Les trois se résument comme dit Héraclite par les trois épithètes : le parlant, le signifiant, et le cachant. Nous savons que les lettres hébraïques sont également des nombres. On dit que ce sont des nombres-lettres. Ces valeurs sont connues soit en numération simple, soit en numération ésotérique et soit encore par leur valeur secrète que soit en simple ou en ésotérique. Sans aller trop dans le fonds des détails, ci-dessous une présentation globale des lettres et de leurs valeurs numériques suivant la tradition Kabbalistique.

En numération simple elles se présentent comme suit :

(Les tableaux indiqués dans cet ouvrage peuvent être téléchargés sur le site Internet des éditions Theurgia : www.theurgia.us)

Les valeurs ésotériques des lettres correspondent aux polygones réguliers. L'ordre préconisé par le Sepher Yetzira est comme suit : les trois lettres mères Aleph, Mem et Shin (prennent respectivement les polygones de base triangle, carré et pentagone); les sept doubles, puis les 12 simples. Ces valeurs sont d'usage en guématrie pour saisir le sens ésotérique ou caché des mots.

Et la valeur secrète d'un nombre (mot) est la moitié du produit de ce nombre avec celui qui vient juste après lui dans une suite arithmétique de raison une. Ainsi la valeur secrète de 45 est égale à (45x46)/2 soit 1,035.

Ainsi fermant les parenthèses ouvertes ci-dessus, et revenant à notre brève analyse, il se révèle alors qu'Abraham de l'hébreu (ABE-RAHAM) : (םהרבא), a une valeur de 54 en numération simple et son avatar est de 45 ; et l'on obtient une valeur secrète en valeur ésotérique de 10. Ce qui revêt respectivement pour sens en numération simple, 45 (*La même valeur qu'Eve, la mère de toutes les nations*) correspondant aussi à la valeur de "YOD" en ésotérique (Qui donne une idée de profondeur, de génération et de distinction). Et en ésotérique et secrète sa valeur de 10 renvoie à une idée d'un lieu élevé, un temple, et de l'universalité des choses par la racine "Beith Mem" - סבּ

Le désert, soit "Midbar" en hébreu (מִדְבָּר) évoque la *réintégration, le retour à l'unité universelle, l'initiation* à *la régénération*, de là, l'idée de transition, de trépas par sa valeur 44 en numération ésotérique. La racine "Meme Daleth" - מָד traduit l'idée de toute dimension, de mesure, d'étendue, au sens hiéroglyphique elle évoque les idées de règles, de conditions, des mœurs.

Que soit alors du sens populaire dans les trois grandes religions du christianisme, judaïsme et l'islam ; Abraham comme "père des fidèles", demeure un mythe qui représente plutôt un prototype d'Homme qui s'engage pour une voie initiatique et en veut réaliser sa profondeur ou son temple intérieur. Le détachement au confort familial, qui n'est jamais facile, peut se comprendre comme un détachement aux objets courant de désirs qui nous empêcheraient de vivre l'intensité de chaque moment présent. Ce mythe présente cette *régénération* (partir d'Ur), a été la première étape. La seconde se représente par ses déambulations ou circumambulations : *Ur-Haran-Canan-Egypte-Canan.* Puis l'identification ou la transfiguration en Dieu : Ami de Dieu ! – étape finale.

Ne perdons pas de vue que l'Egypte a un sens général, chez les juifs, celui de lieu d'épreuves et que le retour sur la terre promise se conçoit comme une glorification… une réalisation des promesses divines.

Abraham comme prototype "Initiable" se devrait casser un confort courant par un retrait sur des terres éloignées au couchant du soleil. Ce retrait est une introspection légendaire de l'Hermite.

Le second mythe présente les juifs qui sont partis de l'Egypte comme un peuple et se sont fabriqué toute la tradition politico-religieuse juive pendant leur transition dans le désert. Et cette marche du désert ressemble bien à une procession, une marche solennelle vers la cité de la détermination et préméditée.

Ces mythes recèlent en eux une idée de cheminement intérieur. Que nous avons illustré par une procession intérieure. Une marche cérémonielle, solennelle d'un endroit vers un lieu sacré. La recherche d'une sorte de divinité silencieuse et enfermée à l'intérieur de l'être. C'est cette marche des siècles qui a suggéré une sorte de mystification au quotidien avec ou sans religion. Soutenue par une recherche des complices-témoins dans la nature et dans les éléments environnants. Quant aux méthodes, on ne s'en rendra compte que par le nombre de guerres livrées entre les hommes.

Les Dieux ont pris des formes multiples depuis le moyen âge et bien plus avant. Les cultes ont changé de tons, constamment des formes et des saisons… des rituels ont pris des tournures rocambolesques… Il s'en est plusieurs fois noté des déceptions touchantes et pour les hommes et pour les Dieux. Ce voyage n'a encore fini de nos jours et continue encore sur le sable silencieux. Partout où les hommes foulent leurs pieds.

Une seconde tradition qui retient notre attention quoi que moins populaire dans notre environnement, est la tradition égyptienne. Cette forme illustrée de voyage est plus explicite dans le livre des

Morts des Anciens Egyptiens, ou comme aime le dire H Durville[4] le "livre caché de la demeure". Le *Kha* ou le double éthéré doit quitter la terre jusqu'à la salle des jugements devant les quarante-deux juges siégeant et assistant Osiris qui préside la pesée des âmes dont le contrepoids est la seule *vérité-justice* (Plume de MA'ÂT), et pour finir en compagnie et identifié aux Dieux.

L'Egyptien, savait bien donner sens à ce voyage qui représentait, pour lui, plus une aventure initiatique qu'une simple désintégration de ses corps. Le sujet après avoir recouvré sa parole, son nom et ses pouvoirs, il marche par son *Kah* sur des sentiers aux obstacles divers et pluriels pour atteindre la salle des jugements. Il doit parler, user de la magie, accomplir des corvées et déclarer son innocence à toutes les fois qu'il s'avère nécessaire pour passer son chemin.

Il est trop différent de la croyance judéo-chrétienne de l'enlèvement pour un jugement dernier. On voit bien que pour l'Egyptien, le jugement est en aval d'une suite d'épreuves que le sujet s'amène volontiers à résoudre avec des atouts acquis expressément pour la voie. Le nom, la parole, la magie (amulettes et mots sacrés), les confessions qui lui permettrons de prouver sa bonté du cœur. Le cœur, la seule chose précieuse à conserver de l'être. Et il se conserve mieux dans un coffret de bonne morale. C'est pourquoi facilement on pouvait l'imaginer, pour le vainqueur, un cœur en or (un métal incorruptible).

La première étape, base de toutes, est la régénération. Du chapitre 17 au chapitre 53, le livre des morts des anciens égyptiens met en scène une régénération de *Kah* identifié au maître de l'univers, au Dieu RA, sa pureté revient égale à la pureté des Dieux, car il a laissé

---

[4] Durville, « SOMA », initiation Eudiaque 1er grade, librairie du magnétisme, 1999, p56

ses impuretés à terre et dans l'amenti en s'élevant vers l'orient éternel. Dans sa prière le *Kah* s'adresse à RA, et demande à être préservé du mal ; de lui garantir la jouissance contre les ennemis de la lumière, et de ceux qui empêcheraient le soleil de se lever et d'éclairer le monde ; ses ennemis figurés comme des animaux malfaisants. La régénération ne peut se faire ici sans l'identification à un sujet supérieur... les Dieux, et c'est cette régénération qui conduit à la transfiguration dans les chapitres suivants (54 à 129); puis à la traversée du monde souterrain du chapitre 130 au chapitre 162.

J.N. MABIKA[5] conclue en ces termes : "Le livre des morts des Anciens Egyptiens est la fixation de ce rituel funéraire orchestré avec faste, autour des prières qui s'enracinent dans la Foi à Unnefer : Dieu continuellement Bon et continuellement Généreux, dont les noms multiples ne doivent pas nous tromper sur le caractère foncièrement monothéiste"...

N'oublions pas, pour ce périple, la chose la plus importante à préserver par la momie vivante et qui devrait le conduire aux Divinités, était son "Cœur" qui devrait rester pur et plus léger que la plume de Ma'at c'est-à-dire rempli de vérité et de justice. Les confessions négatives du *Kah* sont les supports preuves de son éligibilité.

L'égyptien savait aussi que l'on pouvait s'initier à cette démarche dès lors vivant pour faciliter le passage lors de la mort. Car du cœur au travers lui, la conscience était préservée.

---

[5] Joseph NKANTA MABIKA, La Mystification fondamentale (MERUT NE MAÂT), aux sources négrides de la philosophie, Presse Universitaire de Lubumbashi, 2002

S.S.D.D[6] dit : *les graines placées dans le cœur (AB) peuvent maintenant être considérées comme symbolisant les puissances de la pensée et de la volonté : ceux-ci une fois mis en action par des pratiques théurgiques ou l'auto-dévotion à la plus haute aspiration de l'être conscient vont produire un curieux résultat.* [NTD]. Curieux résultat, est exactement le sens de ce que pouvait parler les mystiques médiévaux : La pierre philosophale. La transformation des métaux vils en Or pur. Dans l'imagination égyptienne, le cœur pur ayant passé au jugement avec glorification était représenté par un scarabée d'Or. Une symbolique pure et vivante à considérer les caractéristiques de l'un et l'autre objet, par la durée de vie et l'incorruptibilité.

De l'hébreu comme de l'égyptien, les différents mythes présentent les trois étapes de la procession intérieure. La *régénération*, la *démonstration* (épreuves), et l'*identification* au sujet du sacré. Ces deux sources ont alimenté la grande partie du monde en matière spirituelle. Le voyage ésotérique n'est pas une circumnavigation sur la mer, encore moins un voyage en auto ou encore un voyage dans les souterrains des tombeaux, des temples, des pyramides ou des cathédrales, encore moins des montagnes et des vallées. C'est un voyage à trois dimensions. Une dimension physique, une dimension philosophique et une dimension mystique. Ce vortex crée par cette "triple-dimension" un véhicule de l'extase des saints, des sages, des philosophes et des initiés. Que nous reste-t-il de notre corps qu'il y a vingt ans, dix ans, cinquante ans ? Quel est cet élément qui prouve que nous sommes les mêmes personnes ; qu'il y a des dizaines d'années ? le même petit enfant du collège qui courrait pieds nus dans la cour de la recréation, que dit que nous sommes le même petit au visage pali de poussière après ses jeux violents et innocents

---

6 Collectanea Hermetica, edited by W.WYNN WESTCOTT, MB,DPH, Volume VIII, "Egyptian Magic" by S.S.D.D

? Notre voix change, notre corps se développe et tombe dégingandé, mais notre identité demeure. C'est cette identité qui poursuit son voyage dans le véhicule du temps !

LE SILENCE DES DIEUX

… Les humains ont souvent peur du silence des Dieux autant que les Dieux ont peur du silence des Hommes !

Et

Platon enseignait : "L'homme est un dieu, mais il l'a oublié"

Le 20 juin 2012, alors que je travaillais comme auditeur financier chez PricewaterhouseCoopers, je m'envolais pour une mission d'audit dans une société minière du Katanga à cinq cents kilomètres de la ville de Lubumbashi dans la circonscription de Mpweto. Mon collègue et moi avions pris le vol à quatorze heures. Ce jour-là, j'avais des sentiments mélangés et bizarres. Genre un bruit en sourdine sifflant dans mon cœur. Je me fis raccompagner de ma femme jusque dans la salle d'attente de l'aéroport. Lorsque ma femme me quittait au moment de mon embarquement, j'eues le sentiment de tristesse. On dirait de pleure. Puis j'ai souris de l'intérieur me demandant comment on fait pour pleurer avant d'aller au travail à cet âge ? Un peu comme l'enfant qui pleurait pour avoir le pain avant d'aller à l'école… Nous avions embarqué, puis nous avions décollé. A peine dans les airs, le vol était devenu turbulent. L'avion n'arrêtait pas de bouger des secousses pendant tout le trajet. Puis un moment à l'approche de l'aéronef de Mpweto, le vol devient stable. On en fit un "ouf !» de soulagement. Mon collègue et moi étions assis aux derniers sièges au fond de l'appareil et moi j'étais du côté du passant qui sépare les deux double-rangés de sièges. Mon voisin de l'autre côté du passant sur le siège à ma droite, eut même à vomir pendant les temps de turbulences. Je le regardais inquiet, la première fois de voir un homme vomir pendant un vol. Donc cette accalmie soudaine était un soulagement pour tous les passagers. Puis nous entamâmes l'atterrissage… Sans compter les minutes, à peine que le pneu avant se posait à terre battue de l'aéronef, nous avions senti un mouvement violent d'accélération comme si le pilote voulait redécoller l'avion. C'est à cet instant précis que l'avion bascula, l'aile gauche était arrachée du choc d'heurt contre la digue qui longeait la piste d'atterrissage et le train du pneu avant se cassa et d'un coup violent l'avion fût projeté sur un tas de blocs de pierres hors-piste. Le petit porter fut brisé en plusieurs morceaux. C'était son chaos. Nous sommes sortis mon collègue et moi par une paroi forgée de l'instant par le choc dans la carlingue de l'appareil. Cette déchirure était notre porte de sortie inopinée. Je sorti et je prends mon téléphone et la première des choses, j'essaie de joindre ma femme qui ne passait pas, puis je joins mon frère pour lui dire que j'étais en vie. C'est la première fois que j'ai eu le sentiment de vouloir témoigner que je suis en vie…

Bien des gens ont connu des sauvetages in-extremis comme ceci et ont eu le même sentiment de témoigner de la vie. Et des pareils évènements on les attribue souvent à la bonté des Dieux. Mais il en existe encore de malheureux que beaucoup peuvent témoigner. Est-ce autant raisonnable de les mettre sur la tête des mêmes Dieux ?

La superstition en Afrique est parmi les plus grandes industries de fabrique des Dieux au monde. De la conception, de la naissance, du nom de l'enfant, du logis, de travail, de pouvoir, de l'accident, de la vieillesse, de la mort etc. Mais les Dieux eux-mêmes ne revendiquent jamais, ni les reconnaissances, ni les culpabilités…

Ils gardent les mêmes voies… la voix du silence.

"Le silence des Dieux !"

Ces mots sonnent *"anathème"* dans les oreilles des fervents et téméraires adeptes qui s'arrogent le droit de parler au nom des Dieux pour satisfaire leur égo. Et pourtant nous savons tous les dégâts que cela a perpétré parmi les enfants des hommes ; les enfants sorciers, les mariages brisés, les massacres, les guerres sans fin, des atrocités sans nom etc. ; sont immenses. Heureusement que ce présent ouvrage n'a pas la vocation d'insister sur ces erreurs de lecture de la voix silencieuse des Dieux.

Toutefois, il existe aussi de ceux qui ont fait un chemin véritable et traditionnel d'une initiation offrant les possibilités d'entendre dans le silence de la nuit comme du jour la voix silencieuse des Dieux. L'histoire de Moise ramène une fois de plus un peu de clarté sur la vie intérieure faisant foi à la rencontre avec un Dieu.

La bible rapporte[7] : "L'Eternel dit à Moïse : Je ferai ce que tu me demandes, car tu as trouvé grâce à mes yeux, et je te connais par ton nom. Moïse dit : Fais-moi voir ta gloire ! L'Eternel répondit : Je ferai passer devant toi toute ma bonté, et je proclamerai devant toi le nom de l'Eternel; je fais grâce à qui je fais grâce, et miséricorde à qui je fais miséricorde. L'Eternel dit : Tu ne pourras pas voir ma face, car l'homme ne peut me voir et vivre. L'Eternel dit : Voici un lieu près de moi; tu te tiendras sur le rocher. Quand ma gloire passera, je te mettrai dans un creux du rocher, et je te couvrirai de ma main jusqu'à ce que j'aie passé. Et lorsque je retournerai ma main, tu me verras par derrière, mais ma face ne pourra pas être vue".

---

[7] Louis-Second - Exode 33 :20

Nul ne fait aucun doute sur le niveau initiatique de Moïse. D'abord initiés aux mystères égyptiens de la maison des pharaons, puis initié de son beau-père Jethro qui fût prêtre de Madian.

Cette idée est complétée en sens par l'histoire d'Elie : "L'Eternel dit : Sors, et tiens-toi dans la montagne devant l'Eternel ! Et voici, l'Eternel passa. Et devant l'Eternel, il y eut un vent fort et violent qui déchirait les montagnes et brisait les rochers : l'Eternel n'était pas dans le vent. Et après le vent, ce fut un tremblement de terre : l'Eternel n'était pas dans le tremblement de terre. Et après le tremblement de terre, un feu : l'Eternel n'était pas dans le feu. Et après le feu, un murmure doux et léger.[8]" Autrement dit pas dans le vent mais dans le souffle !

Le souffle est le préalable à l'antre du contact au monde des Dieux. Lorsque la respiration est maitrisée, le corps devient stable et l'intérieur se découvre. Et le rocher serait déjà compris comme symbole d'un lieu retiré où le sujet ne risque aucune interruption maladroite. Et un éveil de citadelles pour sa protection opérative. Avec toute l'attention focalisée sur les murmures silencieux de l'esprit.

Là se trouva l'Eternel d'après l'esprit de ce passage : Dans les doux murmures. Malgré les symboles ; les hiéroglyphes et les sens imagés qui remplissent les différents récits des livres sacrés, la vérité initiatique est partie d'une école à une autre, d'un enseignement à un autre, d'un cœur à un autre et par sa nature universelle et comprise de l'intelligence des êtres, les hommes ont finis par la saisir et en prendre totalement conscience. Du moins par ceux qui s'en intéressent.

---

[8] Louis-Second - 1 Rois 19 : 11-12

La recherche de la voix de Dieu dans le silence lumineux est d'une date immémoriale dans l'histoire de l'humanité, et est la constitution de la base des voies traditionnelles. La tradition bouddhiste dans ses multiples formes rapporte le dharma[9] comme fondement d'une recherche intérieure intense de divinité enfouie en soi. Des tantras, de la méditation, des témoins, pour recouvrer le dieu grandissant en soi au contact de ceux qui peuplent l'Univers. C'est dans le silence que se fait cette communication. Le catholique le sait, comme le chaman, le celte dans les bois du nord en recherche autant. Le druide dans ses mandalas matriciels y voit le sens du vortex sacré ; L'Egyptien connaissait autant la symbolique de base à cette notion. Ce qui motivait son initiation aux respirations par le livre des souffles[10] ou "Shaï-an-sin-sin".

Devant un univers intelligent et intelligible, le bon sens se veut concevoir une intelligence première organisatrice de cela. L'être de son bon sens pense que c'est lui-même Cela ! Cela est donc Dieu. Et si Dieu est une intelligence organisatrice de toute chose, elle se manifeste par suite innombrable des manifestations dans chaque aspect de la vie. Et chaque manifestation est une émanation de lui. C'est la forme éternelle des formes des choses. Les Dieux seraient donc les émanations et manifestations de l'universalité unique.

La kabbale parle des sephiroth constituant l'arbre de vie comme des émanations de Cela. Sans les désigner expressément comme des puissances divines distinctes (Dieux), mais en leur attribuant des noms et des facultés différentes (Couronne, Sagesse, Compréhension, Miséricorde, Force, Beauté, Victoire, Gloire, Fondation, Royaume), elle en fait des entités différentes contenu

---

[9] Enseignements de Bouddha
[10] Livre des souffles, cité par H Durville dans SOMA, initiation Eudiaque

dans un tout unique et universel. Provenant des mondes cachés et secrets (Olamim) sous la forme de lumière successive des mondes d'Emanation, de la Création, de la Formation et de l'Action). C'est le sens de "ELOHIM" qui par sens de langage de l'hébreu est un terme pluriel pour désigner les "Dieux" ou corps des puissances divines.

La vision singulière et plurielle de l'intelligence divine est au cœur des castes religieux. Quand le catholique prétend mystérieux la trinité du père, du fils et du Saint-Esprit ; et juge mal le celte qui jure en avant plan par le couple divin (père et mère de la nature ou de l'univers) ; et voie anathème et "eidôla" l'égyptien qui déroule son tapis à une multitude familiale étendue des Dieux ou encore le grecque ou le romain païen qui en peuple dans les champs, les sénats, les rivières, les airs ; les foyers etc. De ce plérome, aucun des éons n'a pu revendiquer ni la gloire, ni la culpabilité, ni l'émotion d'une belle adoration, ni l'indépendance… seuls les hommes en ont fait des mythes.

La guerre des nations était autrefois la guerre des Dieux également. Le vainqueur proclamait la victoire de son Dieu ; les juifs ont été champions en la matière d'après la torah, mais ils ont été aussi mille fois prisonniers du destin… qu'ils attribuaient à leur propres fautes – A Dieu la victoire et à l'homme la défaite. A l'exception des grecques dont la domination sur les égyptiens n'était en fait que la victoire des Dieux égyptiens et leurs passeports à la migration.

Dans l'industrie de la fabrique des Dieux, l'intelligence humaine, n'a pas prévu une imperfection. C'est cette vision qui a donné naissance au Diable. Comme dit souvent, à toute existence d'un Dieu, il existe un Diable qui lui est opposé. Le diable a pour rôle d'endosser ce que l'intelligence de l'homme juge néfaste et impropre pour un Dieu.

Mais qui sont-ce les Dieux alors …

Lorsque nous lisons les premières phrases des oracles de "Zoroastre", dans les oracles chaldaïques, nous pouvons même sans une compréhension profonde, rapidement dire qu'une divinité est une procession de la parcelle des parcelles monadiques. "La monade, le UN s'étend pour générer le Dyade. Du trône de Dyade il s'étend pour générer la Triade et tous les principes d'intelligences multiple pour gouverner toutes choses". Qu'on les appelle anges ou principautés, les nommer ne change grande chose.

Le religieux ne peut définir autrement une divinité que par l'objet de sa déférence. Ainsi chaque religion en a fait tourner sa machine de fabrique de divinités immortelles, mortelles, petites et grandes, faibles et fortes etc. Mais il en reste indéniable pour le philosophe que si ces principes d'intelligences sont vivants dans le cosmos, les nommer importe peu pour leurs existences. Et il en est fondamental que l'idée première qu'exprime le mot "Dieu" n'est pas la beauté mais la puissance. De ce point de vue, la divinité peut représenter le Monade, le Un, le Créateur ou simplement une entité agissant comme corps gouvernemental sous l'égide de l'Unique, du Monade, de la toute-puissance.

Une image de nos sociétés moderne nous permet de faire une analogie pour comprendre ce schéma cosmique. Il est normal dans nos sociétés modernes que l'arrêté d'un ministre de justice ou autre soit pris exactement comme une parole du gouvernement. Alors que le président de la république, en sa qualité du chef de la nation, ne l'a pas personnellement écrit, quelque fois même pas lu. Soit encore, on n'obtient pas les documents parcellaires en allant frapper à la porte du palais présidentiel. On les obtient plutôt auprès des commissaires (officiers) cadastraux de son arrondissement étant des services étatiques. Ces analogies sont assez imparfaites mais proches de la réalité exposée dans les oracles Chaldaïques et de la conception platonicienne. Il y a des témoins et des entités environnantes qui exécutent l'ouvrage au nom du Père qu'il convient de traiter avec respect, révérence et reconnu d'autorité. Sur les plans théurgiques ce sont juste les émanations de la Divinité Unique. Les puissances qui entrent en contact avec le subconscient de l'homme, son inconscient et sa conscience, sa conscience supérieure suivant sa démarche, sa volonté ou non en vue d'atteindre un état désigné.

Cette communication se fait sur base d'innombrables canaux que l'on trouve dans l'industrie de la religion ou de la philosophie : méditation, contemplation, prières, rituels, gestes, mots de pouvoir, symbole, lieu etc. Toute fois depuis la nuit des temps l'homme demeure fasciné par sa quête mystérieuse : découvrir la véritable nature et l'essence des divinités et de l'UN.

Ceux que nous nommons Déesses et Dieux, sont les différentes émanations et manifestations du grand corps unique appelé Dieu et ne sont pas inséparables de l'essence inhérente à sa nature. C'est non la trinité mais la pluralité unique de l'Intelligence primordiale, le **Noûs** fondamental de la Monade.

Que cela ne s'avère plus assez claire, ceux qui sont arrivés au bout du chemin n'ont trouvé que eux-mêmes sur le trône, dans les doux murmures sifflant le passage des Dieux, sur la montagne de la nuit, dans les temples des pyramides ou dans les rêves d'un profond sommeil… tous, n'ont eu qu'une seule vision en complicité avec tous les éléments de la nature… une vision qui est le fondement théurgique et de la théologie de la procession du sacré : devenir vous-même le Dieu qui vous parle en secret. En restant humble et en ne recherchant pas l'indépendance des autres corps divins, et en se gardant de la folie du surnaturel, de la démence de la grandeur, la vision peut bien s'éclaircir au fil du temps. Tel est le travail traditionnel de toute initiation intérieure.

PSYCHOSE : LES FOUS DU SURNATUREL

"La peur est la méfiance devant ce qui va survenir. La peur est la fille d'une imagination noire".

(Martin Gray)

La peur est toujours en rapport avec ce qui va advenir. Que ceci soit imminent ou pas. Elle a pour demeure, l'imagination. Or ce qui nourrit notre imagination est l'information issue de notre perception du monde. Et quand cette perception est erronée, ses suggestions sont faussaires et imbriquent nos sentiments dans une voie obscure. Et il n'en existera d'autres paradis ou enfers plus grands que la giration de nos sentiments.

Voici de cette époque que nous fûmes dans une société sans préjugé vis-à-vis de la magie et de la tradition africaine ; il se passa des histoires sibyllines et similaires ; mais ce sont les histoires de chez nous :

"… On entendit alors un bruit composé des chants d'une foule, ses acclamations, ses applaudissements, ses cris… Nous avions couru à la route et nous nous sommes arrêtés sur la dalle en béton devant la barrière de notre parcelle pour vivre le boucan. La foule longeait notre avenue… Nous vivions à Shituru, une petite commune des quartiers des ouvriers de la Gécamines. Mon père était un agent de la Générale des carrières et des mines (Gécamines), un mécanicien d'entretien. Notre quartier était réputé par son calme et ses habitants moins fougues ; surtout les enfants que nous étions. On nous

31

déclarait obéissants et respectueux à l'égard de l'adulte. Ceci était l'essentiel de notre éducation. Quoique de son côté négatif, elle cultivait notre naïveté. Devant un témoignage d'un adulte à titre d'exemple, même erroné, nous n'avions pas le droit de nier ou de rejeter ouvertement ce témoignage ; encore moins parler au même moment. Cela n'était pas le cas avec la plupart des opinions d'ailleurs. De ce quartier comme des autres dans les zones résidentielles de la Gécamines, que soit pour les manœuvres qualifiés ou non, nous comprenions que nous vivions dans les quartiers difficiles par une expression tempérée.

"Mon frère aîné me trainait par la main alors que je n'avais qu'à peine sept ans, je tremblais de peur lorsque j'ai distingué au milieu de la foule en mouvement, l'homme du jour ; l'acteur du vacarme. Il était mince, un jeune homme de grande taille, teint noir, torse nue, grognement ses côtes se lisaient sur la peau, yeux grandement ouverts, avec un visage tendu et sûr de son numéro. Un poignard traversait ses lobes temporaux de gauche à droit, du sang coulait sur son visage, descendait de son menton et tombait sur sa poitrine bombée. Un gros serpent de couleur verte-jaunie enroulé à son cou dont il tenait la tête dans sa main gauche… Il avançait d'un pas sûr et démesuré. La foule Criait : JABUNI MOTO ! JABUNI…. MOTOOOOOO !"

Cette démonstration de puissance de la magie démonstrative, n'était qu'une publicité de ses productions illusionnistes qu'il devrait exécuter, dans la soirée, dans une des grandes salles de la paroisse, ainsi l'on appelait les locaux de spectacle de la paroisse saint Pierre et Paul de la commune de Shituru.

Je me réveille vingt ans plus tard dans les brumes de ce souvenir d'enfance que je tire dans les tiroirs de mon cerveau. On dirait qu'il y a toute une vie de bureau très organisée dans nos cerveaux pour classer les évènements et que nos employés celluloïds nous présentent sur table à tout moment que nous en avions besoin.

A peine je passais de cette consultation, j'en reçois encore le dossier du stade de Kikula, à la "Cité", de tous les combats de catch "sport de combat à gris-gris" que j'ai vus. Un oncle m'y accompagnait alors que j'en avais entre douze et treize ans. On assistait du pourtour du stade à toutes les démonstrations de la magie des sportifs de combat. Je me souviens de "Machine de Guerre" on disait de lui qu'il avait pris un de ses fétiches dans le tombeau de M'Siri, un grand roi des Bayeke dont l'histoire scolaire relate la mort des mains du fils de capitaine Botson par vengeance de la mort de son père. Son plus gros fétiche d'une taille d'environ un mètre et de diamètre allant jusqu'à vingt-cinq centimètre, en bois massif pesait lourdement... Nul autre ne pouvait le soulever hormis lui-même ! Enfin un jour un des plus grands que lui parmi ses adversaires l'avait saisie comme butin de combat après victoire, le fameux Marabout ou dit "Mwarabu". Je me souviens aussi de Jibique, de Ninja, de Maitre Tyro (frère aîné de Machine de Guerre) un bon technicien, de Ledry Choc (on disait de lui qu'il était le seul catcheur intelligent, bref il était cadre de direction de la société Afridex) ; je me souviens de Wilpa le Robot... Ce même Wilpa qui avait fait fuir la foule du stade le jour où, lors d'un combat de catch, il avait simulé une opération de chirurgie avec ses doigts sur son adversaire, enlevant le cœur et les entrailles de ses mains... comme une préparation d'une momie égyptienne, il prit le cœur en main comme pour en peser le poids ! Je revois encore une fois le Marabout, couvert dans un drap par deux de ses adversaires, il fit une opération d'incantation et de la place où il se tint sous les draps, se fit une colonne de feu... ses deux adversaires tombèrent chaos ainsi que l'arbitre... Je me souviens de maman Fanny, qui allaitait ses adversaires comme ses bébés et les endormait de ce lait mystique… je me souviens encore de mon préféré Tingini-Tingini dont le charme de dance endormait ses adversaires, il allumait la mèche de cheveux d'une poupée pour foudroyer ses adversaires. Typiquement celtique, sa magie était amusante. Surtout je me souviens de la foule qu'il y avait dans ce stade. Une foule immense au plus fort du WWE des Etats Unis. La police était fortement mobilisée pour maintenir de l'ordre dans le pourtour du stade et aux alentours.

Tout cela, c'était dans notre société, une société qui tolérait… Une société d'avant ! Puis la crise était venue. La faim et la misère. Comme disait Karl Marx, notre foule qui suivait JABUNI, la foule qui remplissait les bancs du stade pour savourer les illusions de ces mages noires de combats, cette foule qui se donnait à cœur ouvert aux divertissements organisés par elle et pour elle dans leurs cités, cette foule-là, elle a pris l'opium de la religion. Tous les combattants de Kikula se sont convertis, ou simplement ont changé de jobs.

Au passage de leur conversion, Reinhard R. BONKE, dans une campagne d'évangélisation dans le Park récréatif de Likasi. Produit par l'église JTL - Jésus-Christ en toutes langues, l'évangéliste a eu une victoire de guérison partielle, mais déclencheur d'un évènement psychologique trouble. Il parait des rumeurs que tous ceux-là qui déclaraient avoir été guéris par imposition de mains et ou par la prière de l'évangéliste, n'avaient que le temps de témoigner de la guérison de leurs souffrances avant de rechuter à l'état initial de leur infirmité ou de la maladie. Une petite fille muette a été conduite par sa tante sur le podium et celle-ci avait déclaré la guérison de la petite fille. Elle habitait mon quartier. Evidement le bruit parti de tous les voisins que Mamou, comme elle s'appelait, avait parlé dès la prière

34

de l'évangéliste. On lui avait demandé de prononcer maman du haut du podium et a-t-elle prononcé "mmon". La joie était grande ! Personne n'avait compris la différence. Mais le jour suivant Mamou n'a jamais prononcé une seule phrase complète ou d'autres mots que ses "mmon". L'évangéliste a peut-être fait un échec de ses procédés de guérisons et de ses hypnoses en série, mais il a ouvert la page d'une ère nouvelle sur les églises de réveil dans ma contrée.

Certaines églises ont commencé à battre campagne se basant sur les films nigérians. "KARISHIKA". Nollywood au service de l'église. Des séances de sensibilisations et de profanation de la tradition. Des barres changèrent de gons entre la bière et la prière. Des hôtels de fortunes changés en églises et on en recensait dans certains quartiers à cinq par avenue. Tous les employés cadres de la Gécamines, comme ils sonnaient intelligents, se sont convertis en pasteurs. Ils ont révolté toute fréquentation et contact par quelle voie que soit avec le traditionnel.

Bien que pendant ce temps Monseigneur Tshibangu T.[11]. revenait dans les rayons de librairie aux éditions Saint-Paul avec ses méditations sur la théologie africaine résumant ses arguments dont il tentait de convaincre ses amis prélats de Rome de l'importance d'une africanisation de la liturgie catholique : introduire par exemple des chants de messe en Rund ou en Tshokwe, se faire une litanie des saints en Kiluba ou simplement d'une adoration africaine de la divinité mère, du fils et du père du ciel au cœur du crédo de la religion chrétienne dans sa conception tolérante… disait-il encore "le rite en effet, instrument fondamental de médiation entre l'homme et les énergies de l'ordre cosmique et spirituel se trouve au

---

[11] Monseigneur T. Tshibangu Tshishiku « La théologie Africaine », éditions Saint Paul Afrique, 1987

carrefour de la nature et de la culture". Au lieu simplement d'une litanie en latin… La loi de grand nombre était certainement un élément négligeable dans les méditations du Monseigneur. Cette loi de grand nombre ravageait tout à son passage. Confusion et chaos s'en est suivi. Et enfin une période de série de témoignages gagna le terrain. Certains étaient les meilleurs sorciers du pays et mangeaient de la chair humaine avec le président Mobutu, avant qu'ils reçoivent l'appel de Dieu, ai-je entendu une fois dans une église de 30ème communauté pentecôtiste au Congo. Un autre était le roi de l'Afrique dans le "monde" ainsi se désignait l'espace imaginé mystique de l'astral.

De fois il faut juste un verre de Whisky pour oublier ce traumatisme psychologique fondé sur les croyances nouvelles qui soufflaient sous le regard silencieux des Dieux.

IL n'y avait plus de JABUNI, plus de Maman Fanny, plus de Maitre Tyro, plus de Machine de Guerre, plus de Tingini-Tingini, plus de spectacle et plus rien. Les sportifs de combats ont livré des témoignages aveux et se sont proclamés pasteurs à leur tour. Il était temps comme pour un changement de gouvernement de changer ses fondements. Mon oncle s'est converti aussi. Le même qui m'amenait voir les combats de gris-gris, au fait, comme Paul ou tout autre Templier du Christ zélé de la première heure ; il nous surveillait cette fois, que personne ne s'absente de l'église. Dans la plupart des familles congolaises, c'est le chef de la famille qui se converti et ses dépendances subissent le pendule de ses croyances. Les enfants sont les premiers à payer les confusions et les faux pas philosophiques du père ou des adultes. Les moins obéissants et les plus difficiles passent sur le bûcher social une fois déclaré sorcier par le pasteur. Il n'y a pas lieu de faire un choix. "Votre père, votre dieu sur terre, a déjà fait ce choix» et cela vaut pour tout membre de la famille.

Providence divine s'il se reconverti un jour d'après. Mon oncle lui, était l'inquisiteur moderne. Tout celui de la famille, parmi les enfants, qui s'absentait de l'église, était puni, battu donc. Un jour nous l'avons su atteint de la dysenterie, il a été placé en quarantaine en quelque sorte. Et nous, mes cousins et moi, pensions à une punition divine. Une providence vengeresse des enfants qui pleurent… Comme s'il en existait une pour les femmes qui pleurent aussi.

Nous étions partagés entre la pitié de voir notre oncle périr ou l'espoir de le voir vivre, qui, en des moments incroyants est si bon oncle qu'un neveu chercherait à avoir. Tous les enfants du monde sont les mêmes… ils aiment voir vivre même leurs farouches bourreaux ! Car la mort n'a pas de caricature limpide dans la tête d'un enfant. Il fut soigné, mon oncle, par la médicine traditionnelle et guéri… à nos dépend encore une fois ! Nos activités KIRO en était ainsi suspendu… L'église catholique, au cœur de la bataille sociale de la religion, suivant les plus farouches critiques des témoins réveillés, était présentée comme le cénacle des initiateurs aux mystiques "JABUNIQUES" et ses ressemblances. Plusieurs fidèles quittèrent ainsi le catéchisme… C'était le temps de changement, le temps de réveil… C'était la protestation.

J'aime le travail que nous offrent nos petits celluloïds… De l'instant que je commençais à me demander à quand remonte la dernière fois que je suis passé dans une église de réveil, ils m'apportent plutôt sur la table, le dossier de ma première participation à une conférence philosophique. Où les hommes abordent la bible avec condescendance et fierté.

37

La théosophie d'Abdrushin. Dans la lumière de la vérité…

A mesure que j'avançais en âge, la révolte me prenait… Alors que je finissais le collège, j'ai fait une rencontre avec un ami. Emma ! Très courageux et aussi très audacieux. Je n'en ai jamais rencontré de pareil. Il m'a aidé, mon ami, à effacer la gêne et les incommodités de la timidité de la jeunesse. Celui-là même qui était capable de raconter à une fille, pour la draguer, la vie complète de sa famille avec les noms et dates de naissances de ses frères et sœurs ; Les amusements avec son chien, ses poules etc. Il semait à tout vent ainsi… cependant un bon lecteur. Ce que j'appréciais plus de lui, il partageait facilement soit les livres qu'il touchait, soit encore le fruit de ses lectures. Que soit de manière maladroite et lacunaires, surement due à la force de l'âge, mais il s'y mettait. Et débâtait sa volonté. Un jour il me fit rencontrer un jeune homme de la cité, qui possédait, d'une édition que je m'en fiche, le livre des morts égyptien.

Nous avions lu ce livre ensemble Emma et moi, dans la nuit sans en comprendre un seul mot ou une seule scène rituelle du voyage de la momie… Mais nous le regardions comme un livre initiatique et le traitions avec plus de respect. C'est au contact de ce jeune homme que nous avions fait également connaissance du centre de lecture et de méditation du message de Graal. Le "Silence" la sixième conférence du premier tome d'Ab-dru-Shin est aussi la première conférence publique à laquelle j'ai assistée et que j'ai découverte dans ce corpus théosophique et philosophique des religions. Silence ! Bien que Christmas Humphreys [12] en ait déjà crié dans mes lectures du collège dans une approche occidentale du Zen, J'avais l'impression d'entendre cette notion pour la première fois. J'avais

---

[12] C. Humphreys, « Une approche occidentale du Zen, Editions PAYOT, Paris 1977

froid, j'ai senti le silence s'installer en moi pour la première fois. Mais ce fut un silence de peur, comme une jeune fille désormais plus vierge, J'en pris conscience et reconnu que je devrais par moment me taire. Me taire pour mon secret et me taire pour le garder avec moi ! Pour le besoin du silence, pour le faire vivre et le mettre en œuvre. C'est de la suite de ces premières méditations que je commençais à comprendre le travail de nos celluloïds dans notre cerveau, dans nos souvenirs... Ce fut l'introduction à la notion de la méditation. De la pensée contrôlée... C'est justement cette théosophie, qui m'a fait découvrir un nouveau jargon des errants et des fous du surnaturel, les CHERCHEURS !

Ces jeunes gens, dits chercheurs sincères, ou mieux fallait le dire innocents et naïfs, qui courent derrières les livres de librairies et ramassent des ouvrages de partout. Sans en comprendre un seul mot, des rituels ramassés sont exécutés à leurs risques et périls. Ils se promènent souvent avec des moitiés de livres en lambeau de Moriason, Franz Bardon, Spencer Lewis, d'Alice Baley et P. Blavatsky etc. Ces jeunes qui se croient initiés derrière les maisons du charlatan sans un code de morale ou une chaine initiatique suffisante.

Ils étaient encore nombreux dans les conférences organisées par les centres du Graal, les centres Bahaï, éckankars, Rosicruciens etc… ces jeunes aux croisés des chemins en fuite d'une "protestantisation" de la société et d'un refus d'une religion mal expliquée. Certains ont connu des écoles initiatiques sérieuses pour combler leur soif de connaissance ou de la théurgie et d'autres ont courus dans les rues sans aboutir à l'objet de leur quête pour finir eux-mêmes comme des petits savants pasteurs protestés.

LA VOIE INITIATIQUE

"Pour se distinguer de la multitude restée superficielle en sa manière de penser, il convient d'apprendre à méditer profondément. A cet effet, l'isolement silencieux s'impose, car nous ne pouvons suivre le cours de nos pensées qu'en évitant ce qui nous distrait ; se retirer dans la solitude fut donc jadis le premier acte de l'aspirant à la sagesse. Fuir le tumulte des vivants pour se réfugier auprès des morts, afin de s'inspirer de ce qu'ils savent mieux que nous, tel nous semble avoir été l'instinct des plus anciens adeptes de l'Art de penser".

OSWALD WIRTH.[13]

Il est trop fréquent de rencontrer et même parmi les chrétiens des hommes et de femmes qui prient au quotidien pour leur travail, leur famille, leur survie etc. mais s'assoient sur la natte d'un devin pour un rituel de restauration d'emploi ou de protection lorsqu'un évènement jugé grave frappe à leurs portes. Sans aucun questionnement, ils ne se rendent pas compte de nombre de fois qu'ils remettent tacitement en cause leur foi ou leurs croyances par ces signes contradictoires qu'ils hébergent dans leurs cœurs.

Il est encore bien remarquable de nos jours de rencontrer un homme avec trois, quatre, cinq affiliations à des écoles mystiques, philosophiques et groupement de pensées différents ; des engagements dans les églises et des ministères (comme vulgarisés) et des cercles philosophiques divers ; tout en se ventant d'être un grand initié. Il bascule d'un principe de vie à un autre, du jour au lendemain, d'heure à la minute, se disperse et se réunit sous les

---

[13] OSWALD WIRTH, Les mystères de l'art royal, Editions Dervy, 2012, page 81

ténèbres des auteurs sensiblement et fondamentalement en contradiction les uns des autres ; mais se cache surtout entre les petites lignes des courts extraits des phrases mal comprises pour faire morale.

D'autres parmi ce genre de fanfarons, s'accumulent des diplômes qu'ils affichent arrogamment sur le net ou brandissent au public pour se faire distinguer. Chacun est devenu l'hiérophante de son quartier. Après une longue observation, nous pouvons nous rendre compte qu'aucun cours n'est assimilé et aucune philosophie murie de leurs multiples appartenances. Si l'on passe toute sa vie apprenti d'une école après l'autre, on peut bien faire quinze établissements dans sa petite courte vie et l'on ne sera jamais un initié.

Dès lors qu'on a compris que l'initiation consiste essentiellement dans la transmission d'une certaine influence spirituelle, et que cette transmission ne peut être opérée que par le moyen d'un rite, qui est précisément celui par lequel s'effectue le rattachement à une organisation ayant avant tout pour fonction de conserver et de communiquer l'influence dont il s'agit (Réné GUENON) ; il convient que la poursuite d'une tradition se fasse d'une voie unique et une fois que l'étudiant parviendrait à un niveau élevé de son instruction, il pourra comprendre les autres traditions par une étude individuelle et comparative avec une maturité rassurée, sauf si une nécessité de suivre des cours de perfectionnement sur une autre voie complétement différente.

D'autres encore, au nom de la révélation ésotérique correspondante à l'âge du verseau, ont peuplé les réseaux sociaux et l'internet des vérités quelques peu débridées et des enseignements ramassés dans toutes les directions du nord au sud, de l'est à l'ouest, du nadir au zénith pour faire une vaine démonstration de leur puissance du verbe. L'âge du verseau n'est tout de même pas l'âge du secret trahit. Souvent nous ne sommes pas d'accord avec les écoles hybrides qui marient deux philosophies contradictoires dans une supercherie initiatique. C'est le cas de certaines écoles "gnostico-christo-bouddhi-shinto-mwanzambalistique". Les piliers philosophiques d'une école initiatique doivent être clairs et susceptibles de passer l'épreuve de l'étudiant.

En effet, il n'y a pas que l'organisation qui se déroge avec condescendance le droit de juger le candidat et de soupeser son cœur et l'estimer apte à s'aligner dans ses rangs, quoique cette mesure reste légitime et soutenable ; l'étudiant devrait avoir une information de base pour juger que l'intégrité des enseignements de l'organisation répond à ses aspirations.

Pour arriver à la compréhension de ce que nous démange cette notion d'initiation ; allons à une des formes originelles d'un acte similaire remontant à quelques siècles antérieurs à notre ère, dans la philosophie platonicienne. Dans la République de Platon, une image allégorique définit l'initiation d'une belle voix que d'aucuns s'en doutent dès lors de la différence entre une initiation et une simple consultation au travers d'une affiliation que la plupart offrent au nom de l'initiable. L'allégorie de la caverne de Platon présente donc cette image suivante, assez nettement et de manière classique, les étapes d'une initiation véritable. Sortir de sa caverne pour affronter la réalité, et au retour dans la pénombre au milieu des siens et dans les décors habituels, l'on ne sera plus la même personne et l'on n'en discutera plus à flot téméraire. La parole acquerra une maitrise mue par la vérité. C'est de là que réside la différence entre une initiation et une simple affiliation : L'acquisition de la connaissance.

Ainsi dit Platon.[14] : "*Figure-toi des hommes dans une demeure souterraine, en forme de caverne, ayant sur toute sa largeur une entrée ouverte à la lumière; ces hommes sont là depuis leur enfance, les jambes et le cou enchaînés, de sorte qu'ils ne peuvent bouger ni voir ailleurs que devant eux, la chaîne les empêchant de tourner la tête; la lumière leur vient d'un feu allumé sur une hauteur, au loin derrière eux; entre le feu et les prisonniers passe une route élevée : imagine que le long de cette route est construit un petit mur, pareil aux cloisons que les montreurs de marionnettes dressent devant eux, et au-dessus desquelles ils font voir leurs merveilles*". Les conditions et les décors décrits dans ce texte rappellent symboliquement les conditions pareilles à notre âme dans ce corps lors de sa descente dans ce monde. Le fluide de l'âme est limité par les dimensions physiques et corporelles.

Platon poursuit : "*Figure-toi maintenant le long de ce petit mur des hommes portant des objets de toute sorte, qui dépassent le mur, et des statuettes d'hommes et d'animaux, en pierre, en bois, et en toute espèce de matière ; naturellement, parmi ces porteurs, les uns parlent et les autres se taisent…*"

Puis vient l'image de la réalité illusoire et temporaire de notre vie. Déformée par nos perceptions erronées : "*Ils nous ressemblent, répondis-je; et d'abord, penses-tu que dans une telle situation ils n'aient jamais vu autre chose d'eux-mêmes et de leurs voisins que les ombres projetées par le feu sur la paroi de la caverne qui leur fait face ? … "Et si la paroi du fond de la prison avait un écho, chaque fois que l'un des porteurs parlerait, croiraient-ils entendre autre chose que l'ombre qui passerait devant eux ?*

"*Assurément, repris-je, de tels hommes n'attribueront de réalité qu'aux ombres des objets fabriqués.*

Une initiation est une transmission de l'influence nouvelle sur une perception courante de la vie. Ce que l'on observe n'aurait jamais

---

[14] La République, Livre VII, traduction E. Chambry

changé de couleur, encore moins de position ou de nature, mais la perception, elle, change complétement. Progressivement les chaines sont libérées pour élever l'âme vers la réalité-vérité : *"Considère maintenant ce qui leur arrivera naturellement si on les délivre de leurs chaînes et qu'on les guérisse de leur ignorance. Qu'on détache l'un de ces prisonniers, qu'on le force à se dresser immédiatement, à tourner le cou, à marcher, à lever les yeux vers la lumière : en faisant tous ces mouvements il souffrira, et l'éblouissement l'empêchera de distinguer ces objets dont tout à l'heure il voyait les ombres. Que crois-tu donc qu'il répondra si "quelqu'un lui vient dire qu'il n'a vu jusqu'alors que de vains fantômes, mais qu'à présent, plus près de la réalité et tourné vers des objets plus réels, il voit plus juste ? Si, enfin, en lui montrant chacune des choses qui passent, on l'oblige, à force de questions, à dire ce que c'est ? Ne penses-tu pas qu'il sera embarrassé, et que les ombres qu'il voyait tout à l'heure lui paraîtront plus vraies que les objets qu'on lui montre maintenant ?*

Toutefois nous venons de voir que cette libération ne devrait pas être aussi brusque et aussi violente sous peine de perdre la vue et de rester aveugle à tout jamais. C'est le cas de ceux qui trainent des vérités initiatiques dans les cercles de déboire. C'est encore dans sa forme classique l'exigence du secret est de la méthode progressive dans un cercle initiatique. Les enseignements se donnent par paliers de progression et suivant un programme quelconque. L'initiateur apparait ici également avec une grande responsabilité : *"Et si on le force à regarder la lumière elle-même, ses yeux n'en seront-ils pas blessés ? N'en fuira-t-il pas la vue pour retourner aux choses qu'il peut regarder, et ne croira-t-il pas que ces dernières sont réellement plus distinctes que celles qu'on lui montre ?*

"Et si, repris-je, on l'arrache de sa caverne par force, qu'on lui fasse gravir la montée rude et escarpée, et qu'on ne le lâche pas avant de l'avoir traîné jusqu'à la lumière du soleil, ne souffrira-t-il pas vivement, et ne se plaindra-t-il pas de

ces violences ? Et lorsqu'il sera parvenu à la lumière pourrait-il, les yeux tout éblouis par son éclat, distinguer une seule des choses que maintenant nous appelons vraies ?

Enfin une démarche toute tracée dans l'allégorie de Platon illustre une bonne démarche initiatique comme mentionné ci-dessus, par degrés et paliers successifs :

Premièrement : *"Il aura, je pense, besoin d'habitude pour voir les objets de la région supérieure. D'abord ce seront les ombres qu'il distinguera le plus facilement, puis les images des hommes et des autres objets qui se reflètent dans les eaux, ensuite les objets eux-mêmes. Après cela, il pourra, affrontant la clarté des astres et de la lune, contempler plus facilement pendant la nuit les corps célestes et le ciel lui-même, que pendant le jour le soleil et sa lumière... "À la fin, j'imagine, ce sera le soleil - non ses vaines images réfléchies dans les eaux ou en quelque autre endroit - mais le soleil lui-même à sa vraie place, qu'il pourra voir et contempler tel qu'il est".*

Deuxièmement : *"Après cela il en viendra à conclure au sujet du soleil, que c'est lui qui fait les saisons et les années, qui gouvernent tout dans le monde visible, et qui, d'une certaine manière, est la cause de tout ce qu'il voyait avec ses compagnons dans la caverne...*

Troisièmement viennent les rétrospections relatives aux conditions de jadis. On regarde pourrir ses conditions passées avec un sentiment de regret sympathique pour avoir traversé inutilement un si long moment de vie ... et surtout plaindre ceux qui n'ont pas pu : *"Or donc, se souvenant de sa première demeure, de la sagesse que l'on y professe, et de ceux qui y furent ses compagnons de captivité, ne crois-tu pas qu'il se réjouira du changement et plaindra ces derniers ?... "Et s'ils se décernaient alors entre eux honneurs et louanges, s'ils avaient des récompenses pour celui qui saisissait de l'œil le plus vif le passage des ombres, qui se rappelait le mieux celles qui avaient coutume de venir les premières ou les dernières, ou de marcher ensemble, et qui par-là était le plus habile à deviner leur apparition, penses-tu que notre homme fût jaloux de ces distinctions, et qu'il portât envie à ceux qui, parmi les prisonniers, sont honorés et puissants ? Ou bien, comme le héros d'Homère, ne préférera-t-il pas mille fois n'être qu'un valet de charrue, au service d'un pauvre laboureur, et souffrir tout au monde plutôt que de revenir à ses anciennes illusions et de vivre comme il vivait ?... "Imagine encore que cet homme redescende dans la caverne et aille s'asseoir à son ancienne place : n'aurait-il pas les yeux aveuglés par les ténèbres en venant brusquement du plein soleil ?*

Un initié reconnaitra également une nouvelle épreuve consistant à gérer son environnement par rapport à sa situation nouvelle. Si cette gestion est mal éprise, il encore un danger social à coup sûr. Se fondant sur l'intolérance et l'incompréhension. Voilà pourquoi de fois à la place du "secret" on peut se le présenter clairement le "discret" : "*Et s'il lui faut entrer de nouveau en compétition, pour juger ces ombres, avec les prisonniers qui n'ont point quitté leurs chaînes, dans le moment où sa vue est encore confuse et avant que ses yeux se soient remis (or l'accoutumance à l'obscurité demandera un temps assez long), n'apprêtera-t-il pas à rire à ses dépens, et ne diront-ils pas qu'étant allé là-haut il en est revenu avec la vue ruinée, de sorte que ce n'est même pas la peine d'essayer d'y monter ? Et si quelqu'un tente de les délier et de les conduire en haut, et qu'ils le puissent tenir en leurs mains et tuer, ne le tueront-ils pas ?*"[15]

Ces extraits de l'allégorie de la caverne forment exactement une illustration de ce que les hommes vivent aujourd'hui dans une société fortement libéralisée des croyances plurielles. Les uns prêts à venir aux mains des autres au nom de leurs croyances et de leurs illusions. On se moque des idées des autres alors que la réalité est

---

[15] Platon, op. cit.

47

bien loin de Soi. Dans le grand amour d'un musicien français.[16], il dira : "personne n'est revenue encore pour nous dire ce qui nous attend là-bas". Peut-être que si cela a été déjà fait, on aurait assisté à une initiation de masse. Cependant nous ne pouvons pas être aussi confiant que cela parce que ceux qui ont connu et vu des mondes sensibles n'ont pas toutefois été crus. Platon faisait un modèle imaginatif et idéal de la société et de la valeur de l'éducation comme une base de l'initiation, sans laquelle, l'âme demeure dans les ténèbres et enchainée.

Une initiation est avant tout une prise de conscience de son environnement, son essence et sa perspective. Dans cette prise de conscience les éléments alentours sont les plus remarquablement témoins de nos perceptions et illusions. Mais ces témoins requièrent de la sensibilité et se veulent réellement complices de la nature inhérente à notre personnalité. La multiplication des églises et des écoles d'initiation dans notre environnement moderne est juste un signe de perte des grandes connaissances régentes de ces genres de valeurs. Une fausse perception de la valeur induite, un retour à la caverne.

Un jour j'entendis un pasteur qui défendait la divinité de Jésus-Christ en ces termes : " Allez-vous imaginer que Christ, même, n'a jamais été initié". Cela ne fait aucun doute qu'il y a une perception erronée de la notion. L'initiation est la perception distincte de la nature dans ses vertus multiples et propres. Notre rôle conscient d'en préserver ses lumières.

La nature s'exprime pour le mieux par la symbolique des éléments. La même notion qui a fasciné nombre des philosophes ; dont

---

16 Pascal OBISPO, le Grand Amour

Socrate et ses prédécesseurs. Ils voulaient comprendre la nature de la matière en usage à l'origine du monde. Et plusieurs hypothèses avaient été avancées. Quoiqu'avec des découvertes modernes, assistées par des équipements plus sophistiqués, ont relevé pour plus de temps des différences de vues quelque peu énormes, admettons qu'il est de la nature de l'homme de chercher ces genres de réponses : Son origine, sa destinée, sa nature etc… pas pour refaire le monde, ou imiter la création mais justement pour comprendre sa visée.

Il a été rendu compte par des observations que l'univers tout entier est fait de matières innombrables issues des éléments.[17] représentés par les quatre plus un (4+1) éléments de base : l'eau, l'air, la terre, le feu et l'éther... les quatre premiers éléments sont dits des éléments de base car ils sont représentatifs des trois états de la matière (Solide, liquide, et gazeux…) directement observable à l'œil nu et d'un état intermédiaire de fusion ou de génération dit l'état plasma. Ces éléments ont été les premiers que l'homme a dû observer et sont en permanente affiliation avec son quotidien.

La quintessence-éther est plus philosophiquement reconnue comme une matière très volatile et ultrasensible que par sa nature seule, saurait pénétrer les mondes ultra-sensibles. D'abord assimilé à l'air, puis au feu, et encore différencié ; c'est de cette notion que provient le qualificatif corps éthérique. Lorsque l'élément feu agite par combustion les trois premiers éléments, il se dégage la substance du réel de la matière qui monte par effet naturel de sa densité subtile vers les mondes ultra-sensibles. Cette conduite se fait ainsi de l'éther.

---

17 Le tableau périodique en compte environ 120 éléments (*Atomic Weights of the Elements*, 2001

Quel est le lien entre les éléments tel que précités et un travail initiatique ?

Autant pour les Chrétiens que pour tous ceux-là qui reconnaitront le signe, les éléments sont au cœur de l'expression de la nature pour une renaissance de vie. Une initiation, une élévation de l'âme. Revisitons la symbolique de l'initiation christique : Pour commencer sa vie active et publique, Jésus se retranche dans le désert (lieu de retrait, comme une caverne, l'antre de la terre) prie, médite et réfléchit sur ce qui devrait devenir désormais sa vie, pour que son ouvrage aboutisse. Après cela, il vint voir Jean Baptiste et ce dernier le baptise d'eau (témoignage d'eau) à l'instant une colombe descendit au-dessus de lui. Symboliquement il est plus aisé de rapprocher un oiseau à l'élément air, par les ailes. La colombe même dans la conception antique païenne signifiait l'amour de Venus ; pris dans le sens matériel. Pour les premiers chrétiens cela devrait aussi signifier simplement le Saint-Esprit, l'inspiration divine, le souffle, le murmure et encore on revient nettement à l'air. L'épreuve du feu va se retrouver bien loin dans les écritures avec la pentecôte. Ces témoins ont toujours existé dans les temples initiatiques depuis l'antique Egypte, jusqu'à ce jour dans les voies recommandées.

Il existe une symbolique courante et trop populaire, même dans le christianisme, qui se veut prendre le corps comme le temple des Dieux.[18] Si nous admettons alors que l'œuvre intérieure peut se résumer dans une de ses milles manières de définition comme un travail sur nous-mêmes (symboliquement construire notre propre temple), nous pouvons en déduire des correspondances directes en fonction de la nature de chacun des éléments par leurs caractéristiques comme actions des corps internes des êtres, les uns

---

[18] Louis-Second, 1 Corinthiens 6 :19

sur les autres. L'hermétisme occidental et oriental (comme la voie bouddhiste du Vajrayanna[19]) soutiendraient respectivement cette vision des choses, comme nous sommes en train de le démontrer.

Il existe cinq types de corps[20] composant l'homme : Corps physique ; corps éthérique (ou émotionnel), corps astral (ou mental), corps bouddhique (spirituel) et corps divin. Nous allons rattacher à chacun de ses types de corps un élément par correspondance de leurs caractéristiques respectives...

Elément Terre – Corps physique (SOMA grec)

Le corps physique ou le SOMA est le support de tout. C'est lui, nourrit du souffle, nous maintient dans cet univers comme habitant de la terre. C'est le contenant de la conscience singulière. Et l'homme ne peut se développer dans cette vie sans un corps physique. Grossier, il correspond à la pierre brute. Surtout il se révèle que la terre cache en elle plusieurs substances de richesses et des déchets qu'il convient d'extraire minutieusement pour le besoin de "l'homme" : ses pierres précieuses, ses plantes, comme ses acides... Sa structure et sa forme sont organisées suivant le principe du NOÛS. Il convient donc de prendre conscience de notre corps et lui apporter tous les soins qui conviennent. Pourquoi pas un bon verre de vin s'il s'en trouve. Et un fashion make-up pour une belle demoiselle...

---

[19] Notre comparaison et appréciation
[20] Plusieurs auteurs hermétistes les ont ramenés à Sept par pure coïncidence de la symbolique du nombre et aussi pour pouvoir correspondre un chakra à un type de corps. Retenons tout de même qu'un chakra n'est pas un corps... et que le fanatisme de nombre ne nous justifie pas la réalité...

Nous le savons bien, lorsque la terre est sèche, la flore y disparait et la faune avec. Il faut donc la rendre humide pour que la vie y soit.

Elément Eau – Corps éthérique ou émotionnel (OCHEMA grec)

L'eau source de vie. Que soit par refus de la première hypothèse des évolutionnistes que la vie aurait pris source dans l'eau, le religieux n'en disconvient que l'eau soit un intrant incontournable dans le développement de la vie. L'OCHEMA est de nature humide. Le miroir de l'âme. La vulgarisation des théories hermétistes rappelle la notion de l'Aura. Comme l'eau, c'est le siège de nos émotions. Il convient de le redire que l'Aura change de couleur suivant nos sentiments, nos émotions. Si nous sommes en colère, il est rouge, si nous nous élevons spirituellement il devient blanc ainsi se donne la notion de corps de lumière que beaucoup interprète à tort et à raison. De même, l'eau n'a pas de couleur ; il prend soit la couleur du récipient (effet illusionniste), soit la couleur de la substance y introduite.

Les savants disent que la terre est une planète habitable grâce la présence de l'oxygène que l'on trouve dans l'eau, répandu dans son atmosphère et véhiculé par l'air que nous respirons.

Elément Air – Corps astral ou mental (PSUCHE grec)

PSUCHE, âme. Le PSUCHE est nous-même. Notre identité. Chacun de nous n'a pas le même corps qu'il y a dix, quinze, vingt ou trente ans. Il change tout au long de notre vie, et pourtant chacun par le souvenir du passé sent qu'il y a une certaine identité en lui qui fait de lui la même personne d'il y a vingt, quinze, trente et quarante ans. C'est de cette identité que tout le monde se souci d'initier et de former : La conscience du soi. Elle a une double partie : spirituelle (initiable) et individuelle identitaire.

Autant que l'air est immatériel et se laisse aspirer et expirer pour la continuité de l'existence ; autant l'âme est inhalée pour la continuité de cette même existence de la nature humaine. Mais l'âme souffle, est maintenu dans le corps par le principe de la régénération, de la fusion au travers le feu.

Elément Feu – Corps bouddhique (NOUS grec)

Le "Nous" est l'intellect. D'ailleurs la métaphore dans la pensée humaine est bien bâtie sur ce point : L'intellect est symbolisé par la tête qui a un rapport direct avec l'élément feu. Le Sepher Yetzira présente la lettre Shin, comme lettre mère avec laquelle le Demiurge a créé la tête dans le corps humain et le chaud dans le monde. Tout raisonnement discursif est du domaine de NOUS. Il est celui qui relie l'âme à la dimension supérieure du spirituel. Ceux qui ont compris cette dimension savent désormais qu'il y a lieu de mener une spiritualité sans être nécessairement religieux. Dans un processus initiatique, c'est le Nous qui est visé aux travers des imprimés de symboles, de paroles et d'actes sur le corps physique, qui pénètre par la chaine émotionnelle dans l'âme pour atteindre l'intellect.

C'est ici que s'opère la théurgie. L'imprégnation des idées et de valeurs spirituelles reçues par la transmission initiatique. La sortie de la caverne de Platon.

Elément Ether – Corps divin (THEOS grec)

La partie supérieure de NOUS est tellement élevée que nous pouvons venir à croire exactement que c'est la présence de Dieu en nous.[21] (Jean-Louis de BIASI). C'est cela que les illuminés visent. Ceci n'a rien à voir avec le Dieu créateur ou la hiérarchie des Dieux et Déesses mais une propulsion ou un sentiment vers le beau, le vrai et le juste. Une réelle présence divine. Idéalement représenté par la lumière que l'on donne à l'initiable. C'est le domaine de la quintessence.

Il n'est pas totalement correct d'identifier les éléments aux différents corps internes de l'homme. Cependant, des ressemblances fortes de caractères existant dans les éléments sont présentes dans les différents corps. Ces éléments, ils peuvent aussi être compris comme des principes cosmiques autonomes, agissant, représentés par des entités distinctes. Bien que nous estimions que par la pression du NOUS sur les trois premiers corps le PSYCHE, OCHEMA et SOMA, respectivement régentés par l'Air, l'Eau et la Terre, comme chez le potier, ce tour génère une figure, un récipient capable de contenir l'élément divin (Theos). L'harmonisation des éléments implique une harmonisation des corps internes d'une part et une harmonisation avec les entités régentes d'autre part. Et lorsqu'il y a des proportions équitables et équilibrées de développement entre eux, la vie est paisible et heureuse.

Les hermétistes disent souvent en parlant de chacun d'eux :

"[Feu] S'il y a trop de l'élément feu dans la structure du corps, alors l'âme, qui est naturellement chaude et qui est devenue encore plus brillante, en raison de l'augmentation de la chaleur qu'elle a reçue, se manifeste dans l'être vivant en développant une nature enthousiaste avec un corps fort et ardent.

---

[21] Jean-Louis de BIASI, La Magie des Déesses et des Dieux, Editions Theurgia, Las-Vegas, 2015

[Air] S'il y a trop de l'élément air, l'être vivant devient léger et plus déséquilibré dans son corps et son âme.

[Eau] S'il y a trop de l'élément eau, alors l'âme de l'être vivant vacille et est toujours prête à augmenter et élargir sa présence autour d'elle. L'eau a la capacité de s'unir avec d'autres éléments ; par conséquent, ces êtres vivants ont tendance à développer des relations avec les autres. Quand l'eau se répand tout autour en grande quantité, elle dissout tout, absorbe toutes ces choses en elle-même et devient ce qui a été absorbé. En raison de l'eau qu'il contient, il est presque impossible au corps de garder son agglomération interne. En conséquence, lorsque la maladie apparait, il se dissout et perd son principe de cohésion interne.

[Terre] S'il y a trop de terre, alors l'âme de l'être vivant devient rigide, parce que, comme les organes de perception s'épaississent, les pores ne sont pas assez grands pour laisser sortir de sorte qu'elle reste à l'intérieur du corps, isolée par elle-même, gênée par le poids et la densité de la masse du corps. Le corps est ferme mais inerte et lourd. Il se déplace contre son gré sous l'impulsion de la volonté.

[Quintessence Ether]. Finalement, si tous les éléments dans le corps sont bien équilibrés, alors l'être Vivant a suffisamment de chaleur pour l'action, de lumière pour le mouvement, une condition tempérée dans les articulations et la fermeté adéquate dans leur cohésion".[22]

Et si l'univers tel qu'il nous apparait était juste un grand symbole du temps ? L'initiation serait simplement la capacité de traduire ce symbole en onde de lumières soit par une transmission des flux

---

[22] Jean-Louis De BIASI, « Livres Sacrés Hermétistes », Edition Theurgia, Las-Vegas 2014

spirituels, soit par une préparation morale, et une vision juste. Or cette industrie ne fonctionne que dans le silence lumineux de la méditation sur la symbolique consacrée à cet effet. Le questionnement intérieur et l'écoute des réponses de la voie silencieuse.

LE RITUEL DE L'INCERTITUDE

… L'éducation doit donc se vouer à la détection des sources d'erreurs, d'illusions et d'aveuglements.

(Edgar MORIN)

Connaissez-vous les gens qui prennent un verre de lait et qui de suite vérifient leurs muscles, biceps, fesses s'il y a un quelconque changement du fait qu'ils aient bu ce bon verre de lait frais ? Parce qu'ils se disent dans leur for intérieur que le lait contient des vitamines et de la protéine, des substances qui sont bons pour leur santé… logiquement il est une nourriture pour le corps et comme parfois peu augmenter leur poids…

Mais ce n'est pas une raison d'en attendre une modification instantanée !

Exactement pareil, la plupart des gens le font ainsi. Surtout en Afrique, au lendemain d'une quelconque initiation, il commence son comptage de miracles. "J'ai rêvé", "j'ai senti", "j'ai vu"… "Mes revenus n'ont pas changé et mes affaires ne tournent pas comme espérer et je ne trouve encore pas de l'emploi".

Ceci n'est pas directement le but d'une initiation, c'est plutôt le rôle d'un travail assidu, décent et planifié. Il existe également les responsables des organisations ésotériques, philosophiques et religieuses qui font des telles promesses aux apprenants qui arrivent dans leurs groupes. Ce n'est pas tout à fait une bonne méthode de gagner en nombre. C'est un des aspects qui devraient faire la différence, encore une fois de plus, entre une initiation et une simple consultation maquillée par une affiliation. Dire plutôt un abonnement pour virer les revenus.

L'illusion de notre quotidien ne disparait pas aussitôt après une cérémonie, quoi qu'admettons que l'initiation offre des qualités à réveiller la conscience dans les actions pour absoudre cette illusion du quotidien au travers le temps.

On dit "Mangez, buvez, dansez, dormez… car demain vous mourrez !". Mais que se passerait-il entre notre réveil et le temps de remise d'âme ?

C'est le quotidien !

Ce symbolisme conseille généralement à ne pas se faire des soucis sur le lendemain… De vivre pleinement le temps présent. Des écoles modernes inventent les méthodes de pleine conscience pour remettre entre outre le cœur en place. Et pourtant, le quotidien n'en démontre ainsi par ses contraintes économico-socio-politique. Le lendemain, inquiète toujours. Sauf pour les âmes bien préparées, les cœurs surentrainés et les enfants, qui eux jouent l'indifférence là où menace l'incertitude.

Une incertitude est une situation dans laquelle l'évènement ne peut clairement être deviné. La prévisibilité d'un évènement est souvent liée à deux choses : la connaissance des lois, régentes de l'évènement et le résultat des actions posées ou à poser pour anticiper la survenance de l'évènement. C'est une notion directement liée à la notion de risque. Le futur, le lendemain, le destin de l'être humain et de l'humanité en général ne pouvant pas se soustraire à l'incertitude, se font ponctués des consultations diverses pour supplanter cette réalité. Dans le quotidien, il se modèle d'une suite d'actions dans le but justement de réduire le taux d'incertitude : la prière, le port d'amulettes, bracelet, rituel, anneau etc.

Une incertitude est généralement d'origine "cérébro-mentale". Ce que l'on perçoit avec les yeux n'est jamais la photographie de la réalité. Souvent c'est notre imagination qui décore nos évènements suivant les fausses informations que nous y portons (Egdar MORIN). Nos intuitions, nos consultations, nos lectures du temps, nos conversations avec les Dieux (révélations comprises), n'ont d'autre but que celui-là : Réduire le risque ! Consciemment ou non, l'homme joue le plus souvent aux paris de la vie par ses consultations, ses prières, gestes, symboles… et ses lectures de l'horoscope, de chance, de médium, voyants, rêveurs, prophètes, fraternités etc.

Espérer pleinement résoudre une situation de médiocrité par un seul rituel cérémoniel derrière une maison fumante n'est pas une façon recommandée de faire face à l'incertitude. C'est presque un geste d'esquive lorsqu'arrive le danger. C'est tout pareil avec l'ivrogne qui cache ses soucis dans un verre de whisky plein de glaçons au comptoir d'un bar… Nourrir son esprit des idées de noblesses, d'autosuggestion et de bravoures quand la nuit couvre votre temps, et soyez préparer au jour de la disette ; peut s'apparenter au but d'une initiation. Planifiez, analysez et étudiez, trouvez de l'inspiration en vous et autour de vous, équilibrez les énergies au quotidien et de manière raisonnable. Aux quotidiens faire l'équilibre des éléments à l'intérieur.

La science a inventé des modèles innombrables de prévisions et d'inférences des données empiriques et déductives pour contourner l'incertitude et soutenir nos intuitions. Les statistiques et les mathématiques sont souvent chargées de ce rôle d'inférence. Dans le quotidien, l'homme néglige souvent ces données de la science "inférée" qui semble le plus souvent fatigante et muette. On les préfère aux intuitions et aux paroles silencieuses des Dieux. Au moins, pensent-il souvent, le mutisme des Dieux est plus bavard que le silence des chiffres…

Que ces consultations prennent forme d'un culte ou d'un article de foi, elles ne sont pas exemptes de risques d'erreurs. Parce que basées sur des déductions, des reconstitutions, des logiques triviaux et quelques fois soumises à nos propres raisonnements et confiances, ou encore d'autres fois sur les fauteuils de la naïveté et d'abandon dans le chef de notre interlocuteur occulté.

Dans un environnement fortement protestant et religieux, si l'on n'ajoute pas à une consultation l'idée selon laquelle les réponses venaient de Dieu, il y a des fortes chances que le fidèle réfute les conclusions. Oublions la boutade disant "Ce n'est pas toujours l'attendu qui arrive, car un Dieu malin laisse arriver l'inattendu".

Si nous ne faisons rien, la fatalité nous asservira. Il est même plus commode dans notre milieu de regarder passivement une situation de dégénérer et attendre la providence se charger de l'out-come. Et le résultat malheureusement est souvent tel que nous en mourrons chaque jour sans raison évidente ; nous pouvons l'observer dans nos environnements africains.

L'ÉCOLOGIE DE L'ACTION PSYCHIQUE

… si deux d'entre vous s'accordent sur la terre pour demander une chose quelconque, elle leur sera accordée par mon Père qui est dans les cieux. Car là où deux ou trois sont assemblés en mon nom, je suis au milieu d'eux.…

(Matthieu, Disciple de Jésus-Christ)

Nous avons tous eu, à l'occurrence, quelques fois, et souvent peut-être, ces intuitions : on pense à un homme ou une femme, de l'instant le téléphone sonne et c'est son numéro qui apparait en appel ! On pense à un débiteur et il se présente à la porte ou vous rappel. Comme si une cohésion, un lien invisible existait entre les humains. Un lien prenant des proportions relativement différentes suivant la configuration psychique de chacun des personnes se retrouvant dans son environnement. La technologie, elle ne fait que faciliter les choses.

Et ce lien, ici souligné n'est pas nécessairement dû à l'avancée technologique telle que la télécommunication, mais à tous les aspects intérieurs et extérieurs de l'homme. Certaines facultés existant déjà dans l'homme moyenâgeux, acquièrent désormais par des outils très puissants de la nouvelle technologie alors, un intense développement dans un temps court. D'autres, bien entendu, disparaissent faute de conservation. C'est autant un joueur qui développe par ses entrainements tel ou tel autre atout et technique à la préférence d'une autre technique qu'il exerçait assez bien. La technique remplacée ou le rôle joué par le passé n'a pas changé de substance, c'est juste le joueur qui opte pour un nouveau talent.

L'avancée technologique, le flux de l'information réunissant en un clin d'œil le monde entier au tour d'un même sujet, sa puissance de construction et de destruction des villes dont elle fait preuve ; ne donne plus à aucune comparaison avec une quelconque époque historique. Les crises subies sont d'une répercussion mondiale dans un temps très réduit ; ainsi tous seraient affectés directement ou indirectement sans délais. Nous vivons dans un complexe d'influences réciproques et symétriques à multiples fonctions et sources ; et ce, que nous en soyons conscients ou non. Toutefois, notons que c'est aussi par un cumul des énergies des siècles, que cette force se garnit une telle intensité.

L'écologie psychique devrait se comprendre en avant-garde par ce que l'on peut nommer les effets d'externalité ; qui eux-mêmes seraient des impacts positifs ou négatifs issues de l'activité d'un ou des sujets alentours du sujet désigné. Ces impacts peuvent être visibles ou invisibles, qualitatifs ou quantitatifs, permanents ou simplement temporaires... Ils demeurent tout de même étrangers et indépendants de l'activité (actions) de l'individu ici considéré.

Il y a un adage qui dit "qui se ressemblent s'assemblent", pourquoi ne pas comprendre également que ceux qui s'assemblent se ressemblent. "...Qui s'assemblent, se ressemblent". Nous pensons que c'est la forme la plus logique de l'expression. Les hommes formant par leurs réunions, une force, qui au départ, arrive par des petites intuitions fortuites, finissent par une impression des marques indélébiles sur la personnalité : "on pense à sa copine, elle appelle, je pense à mon copain, du coup on l'aperçoit à la barrière", "j'ai besoin d'aide, un ami a besoin de faire un cadeau" etc. A mesure que le copain répond positivement à ces petites intuitions télépathiques, l'amour grandit et finalement les deux personnes (homme et femme) prennent les mêmes habitudes et se ressemblent physiquement. Si nous prenons ces actions illustratives dans un système fermé où les sujets exercent à émettre dans une seule direction leurs pensées, il se formera une communauté de flux vibratoires qui n'est pas la somme des vibrations de chacun des sujets, mais une force encore plus puissante ; pourquoi ne pas dire le produit d'intensités des forces psychiques de chacun des sujets présents dans le système…

Un jour nous avions rencontré une jeune fille recevoir les tickets dans un taxi-bus en commun. Nous avons été frappés par sa morphologie masculine et sa coupe de cheveux masculine. Elle portait une culotte et parlait de cette façon inconsidérée des "receveurs". Nous ne pouvions pas nous demander si pas possible de faire ce métier et rester une "jeune fille"… non elle ne peut pas, pour ce métier voilà le profil approprié.

Pour Réné Kaës.[23], Faire corps, être corps en groupe, par le groupe et ses jeux de miroir : cette incarnation imaginaire du lien social se précipite en un "sujet" supposé de ce corps : l'esprit du groupe, sa "parole", son "discours", sa "pensé", ses "émotions" en sont les attributs : "le groupe pense, dit, veut, décide", non pas encore comme un "nous", mais d'abord comme un "on", celui du fantasme. Ainsi s'exprime l'intuition d'une "subjectivité" propre au groupe.

Une subjectivité et une influence permanentes et incontrôlées dans la plupart de temps, frôlent aux longueurs des journées et des nuits

---

[23] René Kaës, L'appareil psychique groupal, 3ème Edition, DUNOD, Paris 2010

le subconscient de l'homme. Mais surtout une influence trop subtile. Et même la plupart de ceux qui pensent la contrôler, ne peuvent que procéder par une idée forme et force émise pour usage d'un bouclier. "On ne lutte pas contre les mauvaises pensées, on arrête simplement de penser", une des formes de conseil les plus difficiles à réaliser de la méditation bouddhiste.

Les transactions subtiles conscientes (émises et reçues) pour un membre d'un groupe ou d'un système formellement constitué, sont considérées comme par le jargon ésotérique s'unir à l'égrégore. L'égrégore est donc une identité invisible du groupe. Elle est formée par les puissances psychiques combinées des membres liés. Cependant, elle prend aussitôt des proportions qui dépassent les limites de pouvoir de chacun des membres et en prend une certaine indépendance qui se traduit par sa propre subjectivité. Plus elle est vielle, sa force, son expérience et sa luminosité sont de plus en plus grandes.

Aux côtés de la prière et de la méditation, le rituel demeure l'un des trois gros moyens pour entrer en contact avec toute force invisible.

Dans une organisation en société ou communautaire lorsque deux individus ou un groupe d'individus veulent accéder à un corps de valeurs communautaires qui engage tous les membres ou requiert une considération générale, ceux-ci procèdent par une entente sous forme de paroles, gestes, échange d'objets quelque fois ordonnés pour imprimer en mémoire aux fins de reconnaissance des uns et des autres les valeurs auxquelles ils ont adhéré.

C'est ainsi qu'on ne fasse pas vœux clérical seul dans sa chambre, s'il l'on en cherche une reconnaissance des membres de la société ou de la communauté. Une ordination en est le schéma solennel.

Depuis des lustres, des sociétés traditionnelles comme des sociétés modernes, les accords familiaux, les ententes royales, des liens politiques, des mariages, des nominations aux rangs de responsabilités communautaires, des adoptions et des reconnaissances de valeurs comme la chevalerie, l'appartenance à un ordre de quelle nature que soit, se déclarent toujours solennellement par un ensemble de gestes, paroles, et autour des symboles préalablement choisis pour la circonstance et ayant pour rôle de proclamer, communiquer et imprimer sur la mémoire de l'assemblée des valeurs ainsi que leurs reconnaissances.

Cette désignation cérémonielle pour proclamer le solennel, est un fait de rite. Il en existe aussi des reconnaissances restreintes faites dans un groupe réduit d'individus de la société réservées aux seuls adhérents d'ordre quelconque suivant des principes acceptés et consentis entre membres de ces groupes religieux ou non. Ces genres des groupes restreints impriment généralement leurs codes de valeurs sur la conscience des adhérents par des rituels. Il existe encore des rites ouverts à tous, sans restriction ou étiquette d'appartenance pour l'assemblée ; ceux-ci sont des rites dits publiques où la reconnaissance de valeurs, non seulement, incombe à l'adhérent présent mais aussi les non-participants qui sont appelés à reconnaitre ces valeurs qui y sont désignés. C'est à l'occurrence le serment du médecin, le serment du magistrat, la reconnaissance de mérite civique, etc. on est reconnu médecin pas seulement par les membres de l'ordre médical, mais également les patients ; tout comme la vielle femme n'ayant jamais ni vu, ni su l'existence de serment du magistrat, le reconnais entant que tel lorsque ce dernier en évoque ses qualités dans le cadre d'exercice de ses fonctions.

Dans cette cogitation, nous tenons à distinguer deux qualificatifs de ces familles de rites. Nous ne voulons pas désigner de noir, - pour ne pas tomber dans la dualité restrictive de pile/face - car ceci n'est que subjectif, les rites des petits groupes communautaires tels que les sociétés initiatiques et les religions fermées; mais nous désignerons volontiers de blanc les rites publiques et de société ouverts à toute personnes sans distinctions de par son adhésion.

A l'occurrence nous estimons que si nous devrions prendre certains aspects de la bible comme référence, ils ne sont pas plus que le code civil congolais ou son code pénal. Car ces faits de lois, à l'occurrence dans l'ancien testament ne font que la fusion de la vie publique et religieuse juive de l'époque. La torah juive n'est autre que la loi de vie en société juive et ne peut en aucun cas se prétendre supérieure à tout autre code de loi des autres pays ou de nos sociétés modernes quoi que l'on puisse de près ou de loin s'y référer ne fut-ce que pour un trait moral. Cependant, reconnaissons que ces sociétés fermées nous transmettent et fournissent l'essentiel de leurs corpus symboliques qui sont le plus utilisés dans les cérémonies ouvertes ou blanches ; laissant pour ainsi dire le côté occulte dans les pénombres des salles réduites au public.

Nous resterons dans le cadre de cette deuxième famille des rites dits blancs avec quelques fois des références à la première catégorie pour des faits approchables et de racines communes.

Dans un accord, l'on présuppose la présence de deux partis qui s'engage de faire ou de ne pas faire quelque chose au profit des deux parties, en présence d'un éventuel témoin. Car le témoin dans certains cas peut se faire remplacer par un document écrit et authentifié. Mais dans un rite, il se présuppose la présence d'au moins trois partis. L'engagé, l'officiant et le "solennel". L'assemblée fait souvent office de témoin et reste aussi dans la plupart de cas, passive à l'opération.

Le solennel désignant pour nous, une valeur abstraite supérieure qui préside à l'approbation de l'engagement.

Lorsque nous payons un lopin de terre pour en faire un champ de superficie importante, il est coutume que le chef du village procède aux cérémonies de remise des droits d'exploitation. Il choisit généralement un arbre de bonne taille sur la superficie ; il prend un gobelet de "Munkoyo", boisson traditionnelle à base de maïs et de racines, il déverse au pied de cet arbre, s'adressant aux ancêtres et leur informant de la décision de cession de cette partie de la terre et de l'usage présupposé y exercer. Ensuite, il en boit une gorgée. Dans son adresse, il instruit aux invisibles d'accorder l'espace au nouveau propriétaire et de ne point entraver ses récoltes. Après le Chef du village, le propriétaire fait de même, oblation de boisson et déclaration d'accepter de recevoir ce don de terre pour un usage productif et d'intérêt commun. Le chef du village prend la houe, arrache un peu de terre qu'il emballe et remet aux mains du propriétaire disant : "voici ta terre"… A ces paroles, toute l'assemblée applaudit et fait le bruit de joie.

Dans ce rituel, il ne pouvait s'utiliser ni la bière que l'on peut d'ailleurs offrir par casiers au chef, ni le vin ou l'alcool importés. Une boisson traditionnelle est appropriée pour une libation, comme parmi les objets symboliques accompagnant le rituel, on trouve encore les autres objets traditionnels dont la houe, la machette, la hache qui ont le même rôle. Le solennel est le corps ancestral quoi qu'invisible et comme principe émanant de la volonté de l'unité régente ; ils se posent en ces instants à la place du sacré et de l'unité. Cet acte en lui-même engage le nouveau propriétaire, et les habitants à respecter et à reconnaitre cette valeur nouvellement acquise comme marque identitaire.

Autant le solennel peut désigner l'Etat ou la nation dans une assermentation des magistrats et corps judicaires etc. L'humanité comme valeur abstraite peut former une identité qui se placerait au-delà de l'individu dans certaines circonstances. Dans toutes situations d'engagements solennels, la partie passive demeure cependant la plus importante car c'est elle qui donne autorité et par conséquent objet de foi de l'engagement. Un rite présuppose toujours être présidé par une valeur qui dépasse le niveau de l'officiant.

Cette valeur pourtant abstraite mais d'autorité fait toujours foi de garant de l'éthique au sein de la communauté et de reconnaissance des valeurs acquises. La déontologie et l'éthique du médecin relance ainsi ses principes de base dans le serment d'Hippocrate mais le code de déontologie en fait la solennité, comme l'en fait le code civil lors de la procession du mariage par l'officier de l'état civil.

Cette valeur quoi qu'abstraite, prend pourtant des formes diverses qu'il s'agisse des sociétés initiatiques, des religions ou des rites publiques. Elle protège, les acquisitions et les mérites, des libertins et des profanateurs. Et les personnes qui rompent l'engagement par le non-respect des valeurs d'éthiques qui les caractérisent et qui sous-tendent leurs engagements se rendront toujours coupable de l'apostasie et de l'impudence.

Un vieux savoir et pourtant toujours d'actualité présente à la lumière de ce qui précède, douze règles de réussite d'un rite, d'une prière ou de tout contact avec l'invisible, comme symbole d'une reconnaissance du sensible dans une action psychique. Dans notre société, c'est tout inconsidérément que les gens fassent référence à une forme d'émanations divines vengeresses de leurs mésaventures, qu'ils prennent à tort témoins en tout et pour tout.

La première règle est celle de la considération de la nature comme être intelligent et présent dans les opérations et témoin permanent. Dieu voit tout. C'est aussi présupposer être conscient de la relation entre terre-ciel. Hermès trismégiste dit : "ce qui est en bas est comme ce qui est en haut et ce qui est en haut est comme ce qui est en bas, les deux, pour le miracle d'une seule chose". Lorsqu'on suppose qu'ils existent des principes supérieurs présents dans chacun de nos actes, on en prend témoins tacites de toutes les opérations. Chez les égyptiens, une figuration du couple Dieux Shou et Nout représentait ainsi l'unité terre-ciel au sein duquel s'opère toute action philosophique des hommes.

La deuxième règle rappelle que tout être vivant possède une individualité et un nom dans la nature… et à ce titre tout homme ou être vivant, visible ou invisible peut être évoqué en l'appelant par son nom et dans n'importe quelle langue. Raison identitaire !

La troisième règle recommande d'avoir une idée force ou plan de l'effet que l'on veut obtenir… avant même les opérations (le but). L'objectif de la démarche est une idée force qui imprime sa couleur sur une action. C'est exactement le motif qui définit le sens d'un acte. Aucune chose n'est ni bonne, ni mauvaise, seul le motif en détermine la nature, peut se résumer Shakespeare.

La quatrième règle relève de la purification. Une action symbolique peut requérir une purification par l'eau le plus souvent… et par les autres éléments Air et Feu. Ce procédé permet d'équilibrer les éléments en soi et prendre conscience de la solennité du moment.

La cinquième règle est l'Utilisation des quatre éléments dans les opérations cérémonielles (Terre, Eau, Feu et Air) comme témoins permanents de l'existence humaine sur terre.

La sixième règle sied de savoir que les choses n'arrivent qu'à des moments privilégiés et suivant un cycle… (Opportunité). Savoir choisir le temps d'action. Ceci peut prendre l'exemple de ce que dans les sociétés traditionnelles, la circoncision se faisait généralement à la pleine lune, comme période propice d'initiation à la virilité, sous l'égide de la lune.

La septième règle est celle de l'Alternance des phases d'activités et d'inactivités (Périodicité). Lorsqu'une opération est faite, un rituel accompli, nous en laissons le temps de réalisation et de survenance des résultats. Un médecin qui vient de prêter serment aura tout le temps pour témoigner un bon curriculum Professionnel.

La huitième règle fait intervenir avec un rôle important la nature dans toute opération… tout résultat devrait s'inscrire dans le cadre des lois naturelles… on devrait faire attention aux illusions.

La neuvième règle donne l'importance de la protection de l'opérateur contre les forces de l'involution et d'opposition.

La dixième règle renvoie au support de la force du groupe – Egrégore.

La onzième règle requiert Confiance et amour envers la nature et les hommes.

La dernière et la douzième règle est donc la joie de réalisation de l'œuvre et la reconnaissance.

Par ces douze règles ci-dessus et par l'idée qui en précède, l'environnement psychique est rempli des principes indépendants qui font souvent à ce que nos prévisions ne soient pas aussi triviales et aussi attendues à précision. Elles sont évidemment toujours à quelques pieds de la réalité. C'est ce qui explique que nos rêves ne soient pas passibles des réalités toutes faites. Toutes fois, les principes cosmiques avaient laissé une possibilité de contact avec la subconscience humaine.

DIRE PAR LES MOTS JUSTES : LES MYSTIQUES MODERNES

"L'homme nouveau a pour mère la Sagesse intelligente, pour père le Vouloir de Dieu, et la semence dont il naît est le Bien véritable. Il naît donc dieu fils de Dieu, composé qu'il est de toutes les Puissances divines".

ASCLEPIUS 24

Mystique moderne ? L'expression peut être sympathiquement construite et ravissante, mais cela ne fait aucun doute qu'il s'agit d'une exagération !

Nous avons été élève du Collège "Tutazamie". Et Nous connaissons tous la rigueur et le type de discipline qui caractérisaient le système d'enseignement catholique. Comme la plupart des jeunes élèves des collèges catholiques, nous avions appris à consulter les bibliothèques, les librairies et à lire par nous-mêmes. Nous avions fait les premières preuves d'une conférence publique dans le collège en quatrième des humanités, assisté par un de nos enseignants sur l'économie de la Tanzanie.

A l'université, cette méthode de travail acharné et quotidien nous a beaucoup aidés. Nous semblions être parmi les bons étudiants de l'université, parce que nous lisions les notes des cours presqu'au quotidien. Un jour, nous nous rappelons, il pleuvinait... nous sommes arrivés à la faculté à sept heures du matin, et les salles

---

[24] A.D. NOCK, CORPUS HERMETICUM, T2, Traité XIII-XVIII, Asclepius, Editions Les Belles Lettres, Paris, 1945

étaient fermées… un peu inquiétés par les pluies, nous aperçûmes le gardien qui se promenait dans les vérandas des auditoires avec son trousseau de clés à la main. C'est alors que nous l'approchâmes et fumes notre demande. Nous sollicitâmes de lui qu'il nous ouvre la salle de l'auditoire pour nous permettre de lire en toute sécurité. Ce dernier nous rappela qu'avec les vols des pupitres et le désordre infrastructurel qui sévissaient la faculté, d'une promotion à une autre, une mesure de la direction avait interdit l'accès aux auditoires par les étudiants avant l'heure des cours. Il fallait donc attendre à huit heures, l'arrivée du professeur.

Peu après, comme si comprenant notre besoin, il consent au service demandé à une condition dit-il. Pour se protéger, il doit nous enfermer dans la salle pour notre lecture silencieuse et nous ouvrir à huit heures comme par les instructions de la faculté. Nous avions accepté la proposition qui semblait être à notre avantage. Le gardien fit donc ce qui venait d'être convenu entre lui et nous. Et au lieu de huit heures, le Monsieur est venu ouvrir la salle à huit heures et demie quand toute la promotion attendait l'entrée de la salle avec le professeur qui était déjà devant la porte. La porte ouverte, les collègues entrent et surpris que nous fumes déjà dans la salle… certains firent : "Oh ! Monsieur est déjà dans une salle, aux portes bloquées de l'extérieur ?" Nous avons tenté vainement à formuler une explication gênée pour certains camarades proches qui firent signe de compréhension pas certaine.

Oh la vache ! Deux jours plus tard ? Nous laissons deviner la suite… dans la gamme de la rumeur…

Cela était suffisant pour justifier et nourrir des superstitions ; que nous soyons un bon élève, un bon étudiant, ou même si nous passions notre temps à travailler et à étudier pendant que certains étaient dans les bars et dans les "allers-retours" des avenues amoureuses ; c'est parce que sous une forme ou une autre, nous avons peut-être rencontré cette belle citation de Brigham YOUNG.[25] : "s'il y a au ciel des routes pavées d'or, c'est que les anges les ont bâtis". Cela ne justifie en rien que nous allons rencontrer au ciel ce que nous n'avons pas construit sur terre. Soit que nous pouvons espérer d'un rituel ignoble des choses que nous ne pouvons pas nous offrir sans que nous en ayons fourni le meilleur de nous-même.

Nombreux sont ceux qui se demandent pourquoi leur travail spirituel et intérieur semble avoir si peu d'impact sur leur vie matérielle. C'est généralement que les efforts utilisés n'intègrent pas un élément important des parties de l'homme. Sa subconscience. Une initiation est un moyen, une voie, une méthode d'éveil de conscience et de contrôle du subconscient par des gestes, des paroles, des images, un rituel et une lecture des symboles. Le symbolisme est resté quant à lui et de tout temps le livre des initiés.

Dans cette partie, nous allons voir quelques traditions ésotériques que l'on peut trouver présentes dans notre environnement, et en progression, même si de sources différentes ou des origines distinctes. Chacune d'elles offrent à "l'initiable" des multiples voies et méthodes pour devoir se découvrir.

---

[25] Eglise de Jésus-Christ des saints des derniers jours, Enseignements des présidents de l'église, BRIGHAM YOUNG, 1997

LES TRADITIONS AFRICAINES

Il existe d'une part une tradition dite africaine et non organisée que le père Temple pourrait raconter vaguement et en passant dans la philosophie bantoue et qui se transmet de bouche à oreille entre initiés. Cette tradition qui se tient autour d'une calebasse d'alcool sous le palmier présente néanmoins des lacunes énormes.

Le transmetteur ne pouvant pas tout donner meurt avec une partie de sa connaissance. Le manque de révision claire des théories constituantes fait défaut par endroit d'une bonne prestation. Et ses prestations sont pour plus de cas que des simples consultations d'un Mwanzambala sans comprendre les principes fondamentaux de régence.

Or une consultation est généralement d'un sens égoïste et personnel, contrairement à une initiation. Ce qui du reste fait obstacle à un développement communautaire. A l'occurrence lorsqu'un devin s'exige avoir en permanence l'élément feu en action dans sa cour, au Kasaï on appelle cela le "Moto wa Tshota". Un feu permanent pour éclairer la cour et les salamandres (éléments et gardiens du feu) mais lorsqu'on habite une ville, il s'avère une difficulté de tenir le feu de bois pour entretenir le Tshota. Mais ne conviendrait-il pas par principe de correspondance d'entretenir un feu permanent d'une bougie comme au sein de l'église ? Ceci n'étant pas une guidance mais simplement un exemple d'un manque d'études symboliques autour des mystères et des rites ancestraux et traditionnels. On les abandonne pour leurs caractères archaïques simplement parce qu'on n'en saisisse pas l'essence.

Ici nous ne considérons pas des groupes qui se sont constitués en systèmes religieux animistes, comme les "postolos", les "Kitawalas", les "Ba-Santus" ; les "Gunga-Africa" etc.

D'autre part, il existe une tradition organisée, filtrée et améliorée. C'est à l'occurrence la tradition égyptienne dont la plupart des morceaux philosophiques ont été intégrés dans les grands courants occidentaux. Il se trouve actuellement que beaucoup des petites organisations marginalisées commencent à se constituer en cercles d'études symboliques et initiatiques. Et des sérieuses études s'organisent tout autour. C'est le cas des Vodous qui explose en Afrique de l'Ouest. Un mélange d'occultisme occidental avec le culte religieux du type animiste. Le culte des ancêtres, là encore le doute règne encore sur l'essence et la nature des esprits invoqués Qu'on les nomme ancêtres, dieux, anges ou démons, comme nous l'avons dit plus haut, cela ne semble pas avoir d'importance si nous n'en comprenons pas l'essence

L'organisation d'un système d'études symboliques et hiéroglyphiques permet non seulement la transmission des connaissances dans le groupe et aux générations futures, mais également de les soumettre à une intelligence et une sagesse en mutation pour améliorer ce qui manquait jadis en fonction de l'évolution du monde et de l'environnement. Et aussi préserver des confusions fortuites.

LES TRADITIONS OCCIDENTALES

La tradition occidentale est une longue et respectable histoire, organisée dans les arrières siècles lointains, l'écriture, le secret et les organisations ont su la maintenir vivante au travers du temps. Caractérisée par des organisations multiples suivant les inspirations et les vœux de chaque groupe. Ici quelques traditions en vue d'exemples.

La Franc-maçonnerie

La franc-maçonnerie est une société initiatique dont les origines se perdent déjà dans les brouillards du temps. La version moderne de cette institution remonte de 1717 avec la Grande Loge de Londres. Tôt en 1723 l'institution codifia ses anciennes chartes dans ce que l'on appelle les constitutions d'Anderson.

Depuis ses origines modernes la franc-maçonnerie a fait montre de son talon d'Achille qui la divise et la miette. C'est le premier article de la constitution d'Anderson concernant Dieu et la religion. Deux révisions qui plongent l'institution dans un débat spiral d'abord en 1738 et puis en 1813 ; autour de Dieu et de la religion.

Et pourtant cette codification avait favorisé son expansion très rapide surtout en Europe. Mais la plupart ont vu dans la révision de 1738, qui propose aux maçons littéralement d'être Noachites, une limitation à la liberté individuelle en qualifiant cette révision de vouloir christianiser l'institution et celle de 1813 venait essayer de réparer le dérapage. Car pour la plupart suivant les idéaux de la maçonnerie, tout homme libre et de bonnes mœurs pourrait témoigner de sa volonté de faire partie de l'institution sous les principes de la fraternité et sous la conduite d'un "code de morale universelle".

Cette époque (1717) prise comme point de départ de la maçonnerie moderne et universelle marque le début d'une alchimie des maçons spéculatifs aux emprunts des symboles et des outils des maçons opératifs.

Cependant, la rhétorique de ces premiers maçons modernes fera apparenter la franc-maçonnerie à des légendes diverses telles que les corporations des bâtisseurs de cathédrales (maçons opératifs), les collèges romains, les templiers et la fascinante Egypte (ses rois-pharaons, ses prêtres, ses guerriers, ses dieux, ses rituels…). Et leurs sources se chercheront partout dans les mondes à tel enseigne qu'Anderson lui-même tentera de les remonter jusqu'à Adam, symbole de la genèse du genre humain. Puis d'autres en ont suivi dans la recherche des liens parentaux jusqu'à l'Atlantide (cité mythique de Platon) et d'autres mondes perdus. Charles Webster LEADBEATER[26] sur l'Egypte : *les nègres de la vallée du Nil qui, à une époque reculée, émigrèrent d'Egypte en Afrique centrale, prêtent serment, quand ils doivent le faire devant un tribunal, avec un geste que tout franc-maçon reconnaitrait…*

Dirions-nous que l'histoire a presque accepté de donner aux comptes de la franc-maçonnerie toutes les bravoures, les belles architectures, les belles lettres la lumière de l'intelligence humaine, et en a fait prêt de sa sublimité… comme dit Geoffrey HODSON "La Franc-maçonnerie est la survivance des anciens mystères… il est généralement connu que ces institutions bénéficiaires des

---

[26] Charles W. L. « Le côté occulte de la Franc-maçonnerie », Genève – Paris 1981

anciens mystères ont été conçues et maintenues au cœur même des anciennes civilisations incluant la Grèce et l'Egypte… [NTD]».[27] ; entre vérités et fictions, ses adoptions et emprunts des philosophies diverses dans ses rituels et initiations successives ressortent une pluri-appartenance qui la laisse sombrer dans le fantasme de la grandeur.

Les emprunts Kabbalistiques, Egyptiens, Chrétiens, païens etc… n'ont au final pas le même sens que leurs exégètes mais font montre d'une alchimie qui se propose être le but même de l'institution. Et si mal interprétée, elle s'en mêle de tout : la politique pour certaines, l'affairisme pour d'autres, et simplement mystique pour d'autres encore. Que ce soit une simple accusation pour les uns ou une véritable apparence mystique et spiritualiste pour d'autres, le but reste le même aux approches diverses, soit par ignorance, soit par une véritable connaissance des causes.

Jean-Louis de BIASI, pour une variante maçonnerie créée en 1801 par Jean-Guillaume-Antoine Cuvelier et ses collègues généraux de l'expédition Egyptienne de Napoléon Bonaparte, dit que les symboles utilisés ne sont pas seulement des représentations vides et sans pouvoir… toutefois il convient de savoir les animer sur le plan invisible pour qu'ils puissent agir réellement…

Cette connaissance lorsqu'elle manque, elle fait des branches maçonniques spiritualistes purement fantasmatiques. Des spiritualistes qui se donnent aux temps actuelles à toutes sortes de magies pour concrétiser leur soif de pouvoir et des politiques qui s'accusent être des bourreaux des peuples et encore des lobbies

---

[27] Geoffrey HODSON, « At the sign of the square and compasses », the Eastern Federation International Co-Freemasonry, 1976

affairistes destructeurs… la hantise de la théorie du complot trouble l'ignorant de la rue ou le profane… Mais la prudence des premiers maçons continue à sauvegarder la confiance des plus engagés lorsqu'ils savent laisser les métaux aux abords ou à la porte du temple et n'en ressortir qu'avec l'idée de repondre aux dehors ce qu'ils en ont appris à travers les symboles de la construction de leur nature intérieure par leurs actes de bienfaisance.

Pour commenter Dan Brown sur ses "the lost symbol" et "Da Vinci Code", Dan BURSTEIN.[28] lui fait dire que la franc-maçonnerie insiste sur la tolérance, le respect de plusieurs traditions et croyances religieuses; il se focalise sur la morale, le progrès et le développement individuel ; lumière intellectuelle et valeur communautaire sans se baser sur une seule et unique croyance religieuse. Elle profile son inspiration sur la sagesse des penseurs et écrivains des différents âges et cultures sacrées et séculières.

Pour Jules BOUCHER.[29], L'*art de bâtir* le temple idéal, tel est le but que se propose la Maçonnerie. Ce temple, c'est l'homme d'abord et la société ensuite. Dans l'initiation maçonnique, le profane, en "recevant la lumière" devient apprenti maçon ; son travail essentiel consiste à "dégrossir la pierre brute" et pour cela deux outils lui suffisent : le ciseau et le Maillet.

Nous reviendrons sur les outils ou les moyens de parvenir au but un peu plus bas.

Toute fois la deuxième phrase de la citation Boucher ci-dessus est claire, cependant elle marque en même temps un débat subtil sur la

---

[28] Dan BURSTEIN et ARNE DE KEIJZER, « Secrets of the lost symbol », Weindenfeld & Nicolson, London 2010
[29] Jules BOUCHER, « la symbolique maçonnique », Dervy-livres, Paris de 1948 à 1984

nature de la démarche : "L'homme d'abord et la société en suite ?" ou "la société d'abord et l'homme en suite ?". Telle est la nature de ce qui se partage entre affairiste illuminé de l'intelligence humaine et les branches simplement spiritualistes. Les uns se jettent droit dans la société par les instruments "philanthropiques" et politiques (dont nous connaissons les conséquences lorsque le cœur de l'individu n'y est point préparé) et d'autres demeurent basés sur la réflexion de la transformation de l'homme intérieur.

Pour nous, le but se dessine sur la transition entre corporations opératives et spéculatives dans le début de l'époque de la structuration de la franc-maçonnerie (1717). Symboliquement à l'image de la construction des cathédrales : construire l'homme intérieur. Comme dit Constant CHEVILLON : "Il doit façonner et cuirasser son âme, son intelligence et son esprit". Mais avec quoi doit-on cuirasser son âme ? C'est là qu'au travers l'art dont se propose Jules BOUCHER s'amène à devenir l'art alchimique et initiatique. Par souci de fait et par information ou désinformation, par évolution ou involution, dans les milliards des sources diverses des sagesses antiques, les hommes se travaillent à inventer des méthodes multiples et diverses. Ainsi naissent des millions de rites, et cérémonies dont le théâtre n'est pas toujours plaisant.

Une particularité Africaine, se lit entre les lignes du Père Temple avec la philosophie Bantu et Mr L'abbé Mabika NKATA Joseph professeur de Philosophie de L'université de Lubumbashi dans sa "Mystification fondamentale MERUT NE MAAT, aux sources négrides de la philosophie" (2002), avec cette philosophie NUNIQUE et de nature Khepérienne, si l'on en croit à l'amour de la sagesse, montre que l'Afrique est fondamentalement spiritualiste. La préoccupation de l'intervention du divin dans la vie des hommes est au cœur de la croyance de ce peuple. Et la cristallisation de l'âme africaine n'est possible qu'à travers une intervention divine dans la course du disque solaire.

Et la franc-maçonnerie telle qu'elle est perçue dans les loges Africaines, elle est rarement "affairistes" ou politiques, mais plus spiritualistes, mystiques et théurgiques. La potentialité Africaine sombre dans l'ignorance des activistes maçons. Comprenons que même en appliquant une vue carrément globale et mondiale le but de la franc-maçonnerie demeure cette transformation intérieure et extérieur de l'homme quant aux moyens pour y parvenir en définiront des milliers de loges rependues dans le monde.

Se dit dans la philosophie bouddhiste : "la vérité est une et indivisible". Lorsqu'on rencontre la vérité on se rendra bien compte qu'elle est l'unique. Mais généralement l'on confond la vérité avec ses propres opinions adoptées. Si la transformation intérieure de l'homme, la régénération de son âme, l'élévation de son esprit, la condensation de son intelligence; est la seule vérité à laquelle toute branche maçonnique accède, il en reste énorme à reconsidérer sur l'argumentaire des différentes voies empruntées. Et En spiritualité tout chemin ne mène pas à Rome ; et bien d'autres s'y amènent après des détours non souhaitables. Voici donc pour nous quelques moyens dont dispose la franc- maçonnerie entant qu'école mystique et initiatique pour atteindre son but :

L'ascèse

Une ascèse est un exercice de la piété. On parle souvent de l'ascèse religieuse, sous l'effet de la foi et dogmes un pratiquant qui puisse s'infliger une mortification, une austérité ou une privation continue des désirs physiques en vue d'une "élévation spirituelle".

Nous pouvons aussi parler d'une ascèse initiatique que nous résumons comme une technique par laquelle le pratiquant se prive ou se soumet à une observance quelconque en vue d'une préparation intérieure et ou d'une purification avant un travail spirituel à venir. Il peut s'agir d'un règlement de conduite par la méditation, l'alimentation réglementée; il peut s'agir également d'une privation de la sexualité. Sans en faire une règle générale de vie, elle intervient souvent avant une initiation occulte ou un travail occulte.

Dans certains rites spiritualistes de la franc-maçonnerie, l'ascèse en fait partie dès la phase préparatoire à l'initiation et aux différents niveaux des travaux afin d'atteindre un point idéal d'un début d'une transformation intérieure. Il ne sera, par exemple pas permis à un candidat de s'amener à une initiation sous effets d'alcool ou de drogue, encore moins à un frère déjà initié de s'emmener dans cet état aux réunions. Si mieux nous comprenons cette ascèse ce serait selon ce que disent certains maitres : "La liberté de l'âme et de l'esprit est obtenue en contrôlant nos passions et nos appétits terrestres".

Le symbolisme

Le plus grand livre des initiés. L'esprit humain recourt à de nombreux symboles c'est-à-dire des images ou des objets qui renvoient à une réalité quelconque souvent abstraite.

Le symbolisme est ce qui fournit le plus souvent matière de méditation dans les rituels maçonniques. C'est le grand livre des initiés. Le symbolisme est le seul langage qui traverse les siècles, et est compris de toute langue sans nécessairement avoir besoin d'un interprète Il est au cœur de l'exercice de l'éclosion psychique et fournis les éléments de réflexion. Nous distinguons pour ainsi dire le symbole objectif du symbole dit subjectif.

Un symbole objectif ou naturel provient d'un phénomène naturel et sa déduction est presque instinctive. C'est le cas lorsque l'on voit le nuage que l'on déduise qu'il signifie la pluie. Il est aussi des particularités sur accord et consentement des individus, c'est cela le symbole subjectif. Ainsi symboliquement du point de vue maçonnique, dit Jules BOUCHER, les seuls outils que l'on donne à un apprenti maçon pour dégrossir la pierre brute qu'il est, sont le ciseau et le maillet.

Lorsque l'on observe ces deux outils, on s'aperçoit très vite ce que le symbolisme est capable de fournir à l'esprit humain afin de profiler sa sagesse. C'est le symbolisme qui fournit généralement la base de la méditation maçonnique.

La méditation

Du latin *meditatio*, la méditation désigne une pratique mentale ou spirituelle. Elle est une redirection de la pensée vers un seul point de référence. Ce point peut justement être par moment un vide. Mais au sens large la méditation peut signifier une démarche méthodologique par laquelle, l'homme poli son intérieur aux moyens de ses pensées. Elle comprend la réflexion – la non réflexion ; la pensée et la non-pensée ; la relaxation et la tension. Elle peut signifier pour certains encore un procédé par lequel un individu conduit ses pensées à une compréhension claire d'un *concept*. Cette dernière acception est très utilisée dans la franc-maçonnerie, depuis le cabinet de réflexion où le candidat écrit son testament philosophique au-devant d'une scène des symboles divers…

Et suivant ce que l'on a dit de Dan BURSTEIN et ARNE DE KEIJZER dans la première partie de notre présente réflexion, pour entreprendre et réaliser les différents but listés : la tolérance, le respect de plusieurs traditions et croyances religieuses; il se focalise sur la morale, le progrès et le développement individuel, lumière intellectuelle et valeur communautaire… l'institution exhorte ses membres à un exercice mental récurrent et soutenu pour défendre l'argumentaire que chacun adopte consciemment.

Le rituel

L'initiation est la voie par lequel tout franc-maçon procède pour accéder à la vérité intérieure. Et cette initiation n'est jamais donnée par soi-même. Une auto-initiation n'est point maçonnique. Le rituel et la cérémonie qui réunissent un groupe de frères dans une loge est un moyen parmi tant pour stimuler cette cristallisation intérieure. Comme dit là où deux ou trois se rassemble, l'esprit de Dieu est parmi eux.

La fraternité

L'histoire rapporte que dans ses origines la franc-maçonnerie était modelée sur des corporations et des systèmes d'entraides entre membres. Aujourd'hui ce rôle demeure dans le chef de l'Hospitalier qui est un rôle officiant dans la structure d'une loge. La fraternité est un moyen de cohésion sociale et permet ainsi de réaliser l'idéal environnemental.

La fraternité peut s'avérer aussi être l'ossature à la fois extérieure et intérieure de l'égrégore. Comme principe, l'égrégore influence l'individu et l'individu nourrit l'égrégore par son comportement.

C'est la force moyenne géométrique du produit de forces des individus qui le constituent.

La fraternité présuppose une tolérance, une acceptation de l'autre, un effort de soutien des uns et des autres… une pratique de vertu sur ses semblables peut conduire à une éclosion de l'âme par ses tendances altruistes et grégaires.

L'Ordre Kabbalistique de la Rose-Croix[30]

Apparue à la source de toutes les civilisations en Mésopotamie, elle s'est constituée pleinement dans l'Egypte antique. C'est là que, selon les anciens mythes, le Dieu Thot révéla ses connaissances ésotériques, donnant naissance à la tradition hermétiste. Cette initiation se transmit tout au long des siècles au sein des Collèges de la ville sainte d'Hermopolis.

Cette Tradition se poursuivit de Maître à disciple, dans le respect du secret le plus absolu sur les commentaires des textes fondateurs, ainsi que des processus rituels. C'est ce que les grecs appelleront la diadoché (succession) et que nous retrouverons sous l'idée de la chaîne d'or des initiés.

Ainsi cette tradition se perpétua et se développa en Egypte durant des siècles.

---

[30] www.okrc.org

Cette remarquable lignée de Maîtres et d'initiés devint l'incarnation vivante de ces mystères initiatiques. Ils en constituent les véritables fondateurs visibles.

Bien que les grecs désireux d'être initiés à cette sagesse se rendent assez tôt en Egypte, c'est surtout à l'époque ptolémaïque, autrement dit à la fin de l'empire égyptien, que l'on découvre un véritable échange entre les initiés de ces deux cultures. A cette époque, la ville d'Alexandrie était devenue un extraordinaire lieu de fusion culturelle, religieuse et initiatique.

Une famille d'esprits désireux d'œuvrer au dépassement de tous les extrémismes. Elle put traverser les siècles en se protégeant des dogmatismes exotériques pour préserver ce riche héritage.

Introduit dans le Sud de la France dès l'époque médiévale, cet héritage ésotérique s'associa à la kabbale chrétienne de la Renaissance. C'est pour cette raison que cette région de la France a toujours tenu une place importante dans le monde hermétiste. Il fut le lieu de naissance de célèbres courants religieux issus du gnosticisme, de Hauts-Grades maçonniques et de plusieurs écoles Rose-Croix et kabbalistiques.

Cette région est restée comme un lieu d'origine incontournable des sociétés initiatiques occidentales. Elle a d'ailleurs conservé une place identique dans l'imaginaire collectif, dépassant largement la France elle-même. Qu'on se souvienne par exemple de l'énigme de Rennes le Château et du Prieuré de Sion qui se développa dans la région du Razès. Les sujets hermétistes et occultistes furent toujours présents dans cette région.

C'est donc également là que se manifesta un important courant Initiatique : La Rose-Croix.

Le vicomte Louis-Charles-Edouard de Lapasse, médecin et ésotériste, en fut l'animateur à Toulouse vers 1850.

La Tradition Rose-Croix présente dans cette région permit la rencontre entre la tradition mystique et symbolique allemande et les courants hermétistes méditerranéens. Par cet apport de l'hermétisme, elle manifesta plus nettement l'alchimie, l'astrologie et une certaine forme de théurgie.

La Rose-Croix était certes indépendante de la Franc-Maçonnerie, mais ses membres étaient pour la plupart actifs dans différents grades. Ils créèrent des groupes à tendance hermétiste, kabbalistique et égyptienne.

En 1884 le Marquis Stanislas de Guaita entra en contact avec les frères Péladan, qui étaient rattachés à cette tradition Rose-Croix dont nous parlons. Firmin Boissin en était alors le Grand Maître. C'est par lui que Stanislas reçut la transmission du courant hermétiste de la Rose-Croix, une grande partie de son enseignement et une mission. Il eut pour charge de réunir dans un Ordre l'authentique initiation Rose-Croix, composée d'une formation théorique de qualité centrée sur les sciences traditionnelles et les auteurs classiques, ainsi qu'une démarche rituelle précise, sérieuse et rigoureuse. Le seul aspect qui devait demeurer visible était l'enseignement et les études, jusque-là un peu négligés dans ces groupes occultes.

Respectueux de ses engagements, c'est en 1888 que Stanislas de Guaita, alors âgé de 27 ans, fonda "l'Ordre Kabbalistique de la Rose-Croix" (O.K.R.C).

Cette date ne fut pas choisie au hasard. La Fraternité de la Rose+Croix d'Or allemande des origines suivait un cycle de 111 ans et son système de grades avait été réorganisé en 1777. Suivant les directives reçues, Stanislas de Guaita extériorisa donc l'Ordre 111 ans après.

Parmi les membres les plus connus de l'Ordre Kabbalistique de la Rose-Croix, nous pouvons citer : Stanislas de Guaita, comme premier Grand-Maître, Papus (Gérard Encausse), Paul Adam, Jollivet-Castelot, Marc Haven (Dr. Lalande), Paul Sedir (Yvon Le Loup), Pierre Augustin Chaboseau, Erik Satie, Emma Calve, Camille Flammarion et beaucoup d'autres figures bien connues.

L'Ordre Kabbalistique de la Rose-Croix fut l'inspirateur continuel de courants spirituels occidentaux.

L'Ordre manifesta un paradoxe dans la plus pure tradition d'Occident : une visibilité essentiellement culturelle et spirituelle de l'Ordre, un secret sur les rites et un apprentissage classique de grande qualité.

C'est dans cet esprit que fut conçu l'Ordre et qu'il continua à se perpétuer, à la fois sur un plan extérieur et intérieur, ou occulte, au sein du Collège Invisible des six frères de l'Ordre et du Patriarche dirigeant ce groupe.

Sur le plan de l'Ordre Intérieur, la succession ininterrompue fut toujours transmise dans le même souci d'exigence de l'Ordre Rose-Croix d'origine et dans la région qui avait toujours été le creuset de l'hermétisme Rose-Croix : le Sud-Ouest de la France.

Respectant le cycle traditionnel de réactivation de l'Ordre, c'est en 1999 que l'Ordre intérieur put reprendre ses travaux occultes. En 2006, au terme d'une période d'activation de 7ans, l'Ordre Kabbalistique de la Rose-Croix, de nouveau vivifié par l'apport hermétiste, Rose-Croix et martiniste, put reprendre ses activités, transmettre de nouveau les initiations et ouvrir ses Chapitres selon les principes internes de l'Auguste Fraternité.

Présent aujourd'hui comme jadis, son héritage a conservé cette vigueur et cette richesse qui lui ont toujours permis de s'adapter à son époque, faisant rayonner la flamme de son initiation.

L'Ordre du Verbe Sacré (Aurum Solis) [31]

L'or du Soleil, L'Aurum Solis se présente au travers de ses propres publications comme est un ordre initiatique fondé en 1897 en Angleterre par George Stanton et Charles Kingold, membres d'une société dénommée Societas Rotae Fulgentis ("Société de la Roue Ardente"). L'Aurum Solis se réclame de la Tradition Ogdoadique, un courant philosophique et initiatique spécifique au sein de la Tradition Ésotérique Occidentale (Western Mystery Tradition), qui remonterait à l'Antiquité et dont les emblèmes fondamentaux sont l'Étoile à Huit Rayons de la Régénération et la Structure Quintuple de la Maison du Sacrifice.

Toujours selon les écrits publiés de l'Aurum Solis, des sociétés telles les Chevaliers Templiers, les Fideli d'Amore et l'Ordre du Heaume ont fait partie de la Tradition Ogdoadique. À la différence de l'Ordre hermétique de l'Aube dorée (Golden Dawn), qui a très tôt fait parler de lui, l'Aurum Solis est resté totalement inconnu du grand public jusque dans les années 1970, époque où Vivian Godfrey et Leon Barcynski, deux adeptes de l'Aurum Solis mieux connus sous leurs noms de plume Melita Denning et Osborne Phillips, ont publié la

---

[31] www.aurumsolis.org

"Magical Philosophy", une œuvre monumentale en cinq volumes détaillant les éléments fondamentaux des théories et des pratiques de l'Ordre.

L'ordre de l'Aurum Solis est assis sur trois piliers dont la théurgique, la philosophie et la théologie

1er Pilier : Théurgie (Haute Magie)

La Théurgie est la partie fondamentale de l'Aurum Solis composée de rituels présentés de façon progressive. Comme l'a écrit Jamblique, "le but de l'art théurgique est la purification, la libération et le salut de l'âme" par les actes divins que constituent les rites sacrés.

Pour ne pas la définir (la théurgie) par ses dissemblances à une pratique typiquement religieux, certains ont juste donné des critères de reconnaissance genre ; le théurge va jusqu'à "ensorceler les Dieux pour obtenir l'objet de sa quête".[32]. Cette vision a fait chasser et tuer à poings de zèle et les prétendus sorciers, magiciens ou théurges même, comme synonymes. Alors que le savons-nous depuis Platon, Proclus, Jamblique même, qu'il n'y a point de théurgie sans une élévation de l'âme vers le divin par la philosophie et la contemplation mystique… ceci sans monter en cavale uniquement sur les pratiques cérémonielles.

Ces rites théurgiques ineffables ont été reconnus par Proclus comme "une puissance plus élevée que toute la sagesse humaine,

---

[32] Carine Van Liefferinge, La théurgie, Presse Universitaire de Liège, 1999

embrassant les bienfaits de la prophétie et les pouvoirs de purification de l'initiation." Par conséquent, cette ascension vers le divin va accroître vos pouvoirs psychiques. Cependant ce développement est une conséquence et non un but en soi.

2ème Pilier : Philosophie (Méditation & contemplation)

La philosophie est "l'amour de la sagesse". Il s'agit d'une discipline pratique visant à enseigner l'art de bien vivre. La philosophie n'est pas seulement une science théorique. La philosophie est à la fois une thérapie et un moyen d'atteindre la santé de l'esprit et du corps.

La philosophie classique est enseignée sur la base d'exercices spirituels comprenant la méditation, la contemplation, les affirmations positives, la visualisation, la rédaction d'un journal et l'examen des questions spirituelles.

Les valeurs morales sont enseignées et elles sont pratiquées dans la vie quotidienne. Elles constituent une condition essentielle de votre ascension vers le divin.

La lecture régulière des philosophes de la tradition hermétiste révèle progressivement la véritable essence de la philosophie à l'élève, lui permettant de rejoindre ceux qui "aiment la Sagesse" et qui sont capables d'apprendre et de comprendre les mystères du monde.

3ème Pilier : Théologie (Ascension vers le Beau)

La théologie est "l'Étude de Dieu (ou des Dieux)". Elle est également connue comme "l'ascension érotique" dans laquelle la puissance de l'amour et du désir (Eros) dirigées vers le Beau, élèvent l'âme vers la beauté du Un. Cette voie est bien décrite dans le livre de Platon "Le banquet".

La première étape de cette voie est l'Épicurisme. Toute œuvre spirituelle et théurgique se fonde sur l'absolu nécessité d'être "ici et maintenant" sans renoncer à notre corps. Par conséquent, cette tradition reconnaît comme bases fondamentales d'une véritable stabilité intérieure : la recherche de la Beauté, de l'Harmonie et la capacité d'apprécier les plaisirs de la vie de façon équilibrée.

L'étude de la nature et de la vie des Dieux et des Déesses est un autre aspect de la théologie. La pratique de la dévotion (composée de prières, d'hymnes, de méditation, de contemplation, d'offrandes, de rituels, de célébrations religieuses, etc.) est l'axe principal de cette partie essentielle de la tradition Ogdoadique.

Au long de son histoire, la tradition Ogdoadique de l'Aurum Solis a adopté plusieurs nouveau-nés (sous-systèmes) de la tradition occidentale. Ceci signifie qu'ils ne font pas parties de la tradition d'origine, mais qu'ils ont été et sont encore utilisés dans diverses circonstances. Ils peuvent être utiles pour expérimenter d'autres aspects de la tradition occidentale. Ils peuvent aussi donner un autre point de vue sur les mystères théurgiques. Ils ont été utilisés par les initiés de l'Aurum Solis pendant des siècles.

Les deux principaux enfants adoptifs sont la "Kabbale" et la "magie énochienne". Nous pouvons également y associer la "Gnose" dans ses expressions hermétistes et chrétiennes.

L'Aurum Solis a souvent développé ses propres interprétations et façons d'utiliser ces outils. L'apprentissage de ces parties de la tradition occidentale est fondamental pour comprendre les écrits de maîtres passés de la Chaîne d'Or.

La Tradition Ogdoadique, est une magnifique et remarquable tradition initiatique qui a su conserver sa cohérence sans galvauder son héritage et ses rites les plus internes. Les règles traditionnelles de nomination de Grand Maître ont permis à cette Tradition de se perpétuer avec toute la force de son héritage. Il en a été ainsi dans le passé, cela reste vrai dans le présent et le demeurera dans le futur. C'est pour l'ensemble de ces raisons que l'Aurum Solis est un Ordre initiatique unique et exemplaire au sein de la Tradition Occidentale.

LES TRADITIONS ORIENTALES

La tradition orientale, elle, est restée longtemps conservatrice. Essentiellement ancestrale, elle a des variantes philosophiques qui n'ont presque pas intégrées des emprunts d'ailleurs (occident, Afrique). Les rares ressemblances avec les traditions occidentales et africaines sont dues essentiellement aux intuitions universelles.

En dehors du proche orient, qui lui a été essentiellement pillé et occidentalisé, c'est en Inde que l'on trouve l'essentiel de l'émergence de la tradition orientale. Lieu de naissance du bouddhisme, l'inde a encore donné naissance à l'Hindouisme, au Brahmanisme et à d'autres variantes traditionnelles.

Dans notre présent ouvrage, nous présenterons uniquement la tradition bouddhiste pour sa présence ouverte dans notre environnement avec l'existence d'un centre Kagyu dans une de nos communes.

Le Bouddhisme, mythes et contours historiques

Il est dit, Le Bouddha, vécut au milieu du Ve siècle (environ 470 avant J.-C.), en Inde du Nord. Communément appelé Sakyamuni, "le Sage du clan des Sakya", il appartenait à la lignée des Gautama. Il naquît dans une famille noble de la principauté de Kapilavastu, sur les confins indo-népalais. Le nouveau-né fut déposé sur un lotus par une divinité.

Goûtant aux plaisirs terrestres et au luxe raffiné, le jeune prince reçut de son père une éducation guerrière. Il se maria à seize ans et engendra un fils.

À trente ans, il partit pour vivre sept années dans l'errance et l'ascèse, abandonnant la famille et la vie fastueuse, après avoir croisé un vieillard, un cadavre, un infirme et un ermite – quatre visions qui le plongèrent dans une profonde réflexion sur la destinée humaine. Il prit brusquement conscience des maux essentiels de l'humanité : la vieillesse, la mort, la maladie et la pauvreté. Cherchant à se détacher de ce monde d'affliction, Gautama décida alors de vivre en ermite et d'apprendre à jeûner "comme un insecte durant la mauvaise saison". Il songea à trouver ses maîtres spirituels parmi les brahmanes, mais ni ces moines arrogants ni l'hindouisme perpétuant l'injustice du système des castes ne lui apportèrent l'apaisement spirituel auquel il aspirait.

Ayant compris qu'une existence de macération ne vaut guère mieux qu'une vie de plaisir, il eut soudain, lors d'une méditation sous un figuier, l'illumination de la connaissance libératrice. À travers la vision de la totalité de l'univers il avait atteint la boudhi, l'éveil à la connaissance suprême. Dorénavant, il sera appelé Bouddha : "l'Éveillé" (on lui donnera également bien d'autres titres, particulièrement celui de Siddartha, qui veut dire "Celui qui a atteint son but").

Au sortir de cette révélation, le Bouddha prit conscience qu'il existe une "Voie moyenne" entre la vaine jouissance de la vie et le renoncement amer. Cet éveil lui apporta la révélation du cycle des réincarnations et de sa causalité cruelle, mais aussi le moyen d'y échapper. La doctrine philosophique qu'il élabora par la suite repose sur quatre "nobles vérités", qui portent sur l'universalité de la souffrance, son origine, son anéantissement et le chemin spirituel pour y parvenir.

Craignant que les hommes, prisonniers de leurs passions et marqués par leur soif de vivre, ne se montrent indifférents à sa découverte, le Bouddha hésita longtemps avant de partir prêcher et de renoncer à la libération totale que lui offrait son anéantissement suprême dans le nirvana. Son premier sermon, à Bénarès, lui valut la conversion de cinq moines.

Dès lors, il attira de nombreux adeptes, grâce à sa philosophie exposée au hasard de ses pérégrinations, à la conduite de vie et à la sérénité de ses fidèles. À quatre-vingts ans, le Bouddha, qui avait converti des gens du peuple, mais également des souverains, s'éteignit. Ses restes, incinérés, furent disputés par ses fidèles qui les enchâssèrent sous des reliquaires, les stupas.

Padmasambhava est un Maître du Vajrayana, originaire d'Uddiyana dans l'ouest de l'Inde du VIIIe siècle environ (cette région se situerait dans la vallée du Swat, au Pakistan).

Padmasambhava naquit huit années après le parinirvana du Bouddha Sakyamuni, conformément à ses prédictions, le 10ème jour du 7ème mois lunaire, sur le lac Dhanakosha en Inde. Selon la légende, il prit naissance sur une fleur de lotus. Le roi du nord-ouest de l'Inde, Indrabhuti, le sortit de la fleur de lotus du lac et l'emmena au palais.

Lorsqu'il était prince, Padmasambhava allait souvent méditer dans la forêt sauvage. Le roi s'en aperçut et organisa rapidement ses noces. Après les grandes noces, le roi lui offrit le trône. Un jour, Vajrasattva apparut dans la clarté d'un arc-en-ciel et dit à Padmasambhava : "Tu es un guide religieux et non un roi politique.

Les distractions avec les jeunes filles du palais ne sont pas réelles mais illusoires. Le moment d'entrer dans la vie monastique est arrivé. Il faut te détacher de tout, visualiser les jeunes filles du palais comme des cadavres, abandonner le trône comme des chaussures usées". Le Maître abandonna ainsi le trône pour devenir moine et eut une vie extraordinaire.

Padmasambhava étudia au temple de Nalanda, établissement d'enseignement supérieur indien. Il devint célèbre pour ses pouvoirs supra-mondains et il pouvait vaincre les démons. Il avait une connaissance parfaite des enseignements du Hinayana et du Mahayana.

Le Bouddha Sakyamuni avait un disciple qui était savant en médecine. Celui-ci légua ses connaissances à l'un de ses fils. Padmasambhava étudia la médecine auprès de ce fils afin de suivre la voie du Bodhisattva.

Afin de propager le Dharma tantrique suprême, Padmasambhava suivit un lettré auprès duquel il étudia les différents dialectes indiens (à l'époque, on en comptait plusieurs dizaines).

Padmasambhava apprit auprès d'un maître technicien indien de 80 ans, Vishyakarma, à sculpter l'or, l'argent, le cuivre, le fer, la pierre, le bois, le bambou, etc. Il étudia aussi toutes sortes de techniques : la teinture, le tissage, la peinture, la construction... Le maître technicien excellait dans tous les arts et techniques. Il était né à l'époque du Bouddha Sakyamuni. Padmasambhava dit : "Ne pas exceller dans les arts et techniques et ne pas comprendre les capacités des êtres ne permet pas d'avoir les moyens habiles pour les délivrer et transformer leur caractère".

Padmasambhava arriva dans une grotte et étudia le Dharma tantrique suprême auprès du maître accompli Prabhahasti. Il obtint d'abord les cinq sortes de transmissions de pouvoir du corps, de la parole et de l'esprit. Il reçut ensuite la transmission du rite de la déité Acalanatha et celle des trois tantras Mahayoga, Anuyoga et Atiyoga.

Padmasambhava fit la requête de devenir moine et de recevoir les préceptes. Le maître Prabhahasti dit : "Je ne connais que le Dharma tantrique suprême. Si tu veux devenir moine, tu peux faire la requête auprès du vénérable Ananda, disciple du Bouddha Sakyamuni, et recevoir la tonsure".

Dans une grotte, Padmasambhava suivit les enseignements du vénérable Ananda sur la discipline. Lorsque le vénérable Mahakasyapa (l'un des principaux disciples de Bouddha) effectua la tonte des cheveux de Padmasambhava, quatre Bouddhas-Mères apparurent soudainement dans le ciel et emportèrent le couteau de la tonte. Padmasambhava servit avec dévotion le vénérable Ananda durant cinq années. Il obtint la transmission de tous les sutras et rites du bouddhisme exotérique et ésotérique, les significations profondes des Dharmas permettant l'atteinte de l'Eveil final, les enseignements oraux secrets.

Padmasambhava souhaitait acquérir l'enseignement sur l'atteinte de l'état de Bouddha en une seule vie. Il se rendit sur les terres d'Adi Bouddha (qui ne se trouvent pas dans le monde des humains). L'enseignement acquis, il redescendit vers le monde des humains en Inde, médita durant cinq années et transmit le Dharma. Il vit Vajrasattva assis sur un éléphant qui lui transmit les dix-huit tantras du Mahayoga.

Padmasambhava arriva sur les terres d'un autre Bouddha (qui ne se trouvent pas dans le monde des humains) pour faire la requête du Dharma. Il y apprit la méditation. L'enseignement acquis, il redescendit vers le monde des humains à Zahor. Il y médita durant cinq années, vit deux grands disciples de Vajrasattva et obtint la transmission de tous les types d'enseignements secrets tantriques pour l'atteinte de l'état de Bouddha et celle de la Grande Perfection.

Au cours du milieu du VIIIe siècle, alors qu'il était encore prince, Trisong Deutsen (futur roi du Tibet) avait une foi fervente dans l'enseignement bouddhiste et était résolu à le propager. Mais sous l'influence des officiers influents de la dynastie de l'époque pratiquant une autre croyance religieuse, il ne pouvait pas répandre le bouddhisme et ce, malgré sa grande résolution. Après avoir hérité du trône et pris le pouvoir, le roi Trisong Deutsen propagea activement le Dharma. Il invita au Tibet le maître indien du Bouddhisme exotérique, Shantarakshita, qui ramena la "corbeille de règles" et des traités de l'école de la "Voie Médiane". A l'époque, la religion primitive au Tibet, le Bön, rejetait le bouddhisme. L'expansion du bouddhisme était extrêmement difficile. Shantarakshita, qui était resté au Tibet, ne pouvait pas faire face à l'influence de la religion Bön et à la sorcellerie. Il conseilla au roi Trisong Deutsen d'inviter Padmasambhava, qui avait étudié le bouddhisme ésotérique au temple de Nalanda en Inde, à venir au Tibet surmonter les difficultés et vaincre les démons. (A l'époque, au Tibet, il y avait de nombreuses voies non bouddhistes, et de nombreux démons malfaisants).

Vers la fin du VIIIe siècle, à l'époque de la dynastie Tang, sous le règne de l'empereur Xuanzong (en l'an 747), Padmasambhava se rendit au Tibet suite à l'invitation du roi Trisong Deutsen. Il fit découvrir les trésors de l'enseignement bouddhique tantrique. Une fois arrivé au Tibet, Padmasambhava utilisa ses pouvoirs supramondains pour soumettre les disciples de la religion Bön et les démons malfaisants des alentours, afin qu'ils vénèrent le bouddhisme et qu'ils protègent le Dharma du Bouddha. Il élabora avec Shantarakshita la construction du temple de Samyé, le premier véritable monastère bouddhiste tibétain qui rassemblait le Sangha et qui correspondait à un lieu précieux à l'origine de l'expansion du Vajrayana.

Après la construction du monastère de Samyé, Padmasambhava commença à répandre la voie secrète yogique, à transmettre des dharanis, des sadhanas, à conférer toutes sortes d'initiations tantriques et à fonder des lieux destinés à la traduction de sutras. Toutes ces actions à aidèrent à la diffusion du Bouddhisme ésotérique au Tibet. Le bouddhisme ésotérique transmis par Padmasambhava est appelé Nyingmapa (école ancienne, en tibétain) qui a pour enseignement tantrique le plus élevé, la "Grande Perfection" (Atiyoga). Parmi les disciples de Padmasambhava, il y avait vingt-cinq Mahasiddhas (grands accomplis), tous étaient des traducteurs renommés de l'époque. Grace à leur traduction des sutras du sanskrit en tibétain et en chinois, ils avaient aussi contribué à répandre le Dharma de Bouddha.

Malheureusement, les jeunes tibétains avaient des difficultés pour apprendre les sutras en sanskrit. Le roi tibétain n'était pas non plus très satisfait. Il savait qu'il était difficile de traduire les sutras du sanskrit au tibétain et interrogea alors Padmasambhava.

Padmasambhava dit : "Soyez rassuré cher roi, il y a certainement des solutions. Le disciple du Bouddha Sakyamuni, le vénérable Ananda, s'est déjà réincarné sept fois. A sa septième réincarnation (précision

: il était Ananda à sa sixième réincarnation et non pas sa septième), il est maintenant à Nyemo Chekhar dans la province de Tsang au Tibet où il y a neuf maisons. Son père s'appelle Pagor Hedo et sa mère Drenza Karkyi, son nom est Genjak Tangta. Il a déjà huit ans. Cher roi, si vous souhaitez qu'il mène une vie monastique, vous pouvez obtenir l'accord de ses parents, lui ordonner de faire de la traduction, ce sera la meilleure solution…" (Ceci fut visualisé par Padmasambhava grâce à son pouvoir de prédestination.).

Par la suite, Genjak Tangta arriva au palais du roi tibétain et fut ordonné moine devant Padmasambhava et Shantarakshita. Il eut pour nom de Dharma Vairotsana. Il suivit un régime végétarien durant sept ans. Ses deux professeurs lui enseignèrent l'écriture indienne. Il pouvait se souvenir de tout ce qu'il apprenait. Shantarakshita lui transmettait les sutras du bouddhisme exotérique, Padmasambhava lui transmettait les tantras du bouddhisme ésotérique ; Padmasambhava lui enseigna les tantras externes, puis les trois tantras Mahayoga, Anuyoga et Atiyoga (traduits en tibétain par Vairotsana). Ensuite, lui furent enseignés : le Sutra de la Confession, le Sutra de la Prajnaparamita, le Sutra Mahaparinirvana, les pratiques et vœux de Samantabhadra, qui avaient également été traduits par Vairotsana. Puis, lui furent notamment enseignés : le Sutra de Sitatapatra (Bouddha-mère avec un Grand Parasol Blanc), le Sutra de Vajrapani, le Sutra d'Amitayus (Bouddha de la Longévité).

Parmi tous les sutras du Bouddha (qui se trouvaient au Tibet), des milliers avaient déjà été traduits. Il en restait encore un peu plus de trois cents à traduire. Décidant de traduire les derniers sutras, le roi du Tibet désigna alors sept personnes, dont Vairotsana, pour effectuer ce travail. Il choisit également plusieurs jeunes tibétains et leur demanda d'aller étudier en Inde, et de ramener les sutras et de les traduire.

Après le retour de Vairotsana au Tibet, des officiers (tous des pratiquants de la religion Bön et d'autres religions non-bouddhistes) envieux et soupçonneux disaient que ce dernier prétendait être Vairotsana mais qu'il n'était pas le vrai Vairotsana. Ils disaient aussi qu'il n'était pas Ananda (disciple du Bouddha Sakyamuni), qui s'était réincarné sept fois. Ils l'accusèrent également à tort que tous les sutras qu'il avait ramenés d'Inde étaient faux. Le roi du Tibet subissait des pressions de toutes parts. Le meilleur moyen était de dire aux officiers que Vairotsana était mort, de le conduire secrètement dans un endroit éloigné à 50 miles du royaume et de lui construire une maison. Vairotsana traduisit les sutras du bouddhisme exotérique dans la journée et les sadhanas du bouddhisme ésotérique pendant la nuit. Par la suite, ce secret ayant été divulgué, les officiers voulurent assassiner Vairotsana. Le roi du Tibet ne pouvait que faire exiler Vairotsana afin de préserver sa vie. Ainsi, Vairotsana fut expulsé en Chine, au Yunnan. Vairotsana y résida alors pour transmettre le Dharma tantrique.

Les tibétains avaient utilisé une méthode de traduction précise et claire pour traduire des sutras du sanskrit vers le tibétain. Les traductions avaient duré treize années.

Après la mort du roi tibétain, Padmasambhava prit la régence durant quatorze ans. Le fils aîné du roi, devenu adulte, prit ensuite le trône. Padmasambhava lui conféra des initiations et lui révéla sa vie antérieure et son destin. Le nouveau roi avait été un des disciples de Padmasambhava lors de sa vie passée. Padmasambhava lui donna des conseils sur la bonne gouvernance du pays et engagea vingt-et-un traducteurs en Inde pour assister le nouveau roi.

Padmasambhava se rendit encore vers d'autres contrées pour délivrer les êtres. Finalement, dans la montagne Gungtangla, il se transforma en corps d'arc-en-ciel pour s'en aller vers les terres de lotus du Bouddha et jusqu'à maintenant, il n'est pas encore entré dans le parinirvâna.

Padmasambhava n'était pas seulement le fondateur de la lignée nyingmapa, il était aussi le Maître patriarche qui avait ouvert la voie du bouddhisme tantrique tibétain. Il fut considéré comme le Maître-racine de toutes les lignées du bouddhisme tantrique tibétain. La tradition nyingmapa est la source du bouddhisme tantrique tibétain. Avant toute pratique du Dharma tantrique, il est d'abord nécessaire de pratiquer le rite de Padmasambhava afin de pouvoir atteindre l'Eveil. Jusqu'à nos jours, dans les monastères bouddhistes tibétains, sont vénérés des portraits ou des statues de Padmasambhava. Il est considéré comme un saint au Tibet, comme un protecteur du Dharma tantrique tibétain.

Les pratiquants de la tradition nyingmapa portent une coiffe rouge, légitimant ainsi le nom "l'école des coiffes rouges". La "Grande Perfection" (Atiyoga) de l'école nyingmapa, la méthode pour l'atteinte de l'état de Bouddha en une seule vie, érigée depuis plus de mille ans, perdure encore de nos jours.

Padmasambhava s'était engagé en personne pour que chaque 10ème jour du mois lunaire corresponde à son jour extraordinaire pour la pratique du Dharma et qu'il apparaisse sous un nombre illimité de corps d'émanation. S'il y a des êtres qui le vénèrent et lui font offrande avec ferveur, ceux-ci obtiendront certainement sa bénédiction exceptionnelle et leurs vœux bienfaisants seront réalisés.

Durant plus de cent ans (il est dit qu'il aurait vécu 111 ans, d'autres évoquent plusieurs centaines d'années), Padmasambhava alla en Inde et au Tibet vaincre les esprits malfaisants et répandre le Dharma du Bouddha. Quant aux termas de la lignée Nyingmapa, ils correspondent à de nombreux sutras et sadhanas, à des transmissions orales secrètes... dissimulés par Padmasambhava grâce à ses pouvoirs supra-mondains dans des roches, des lacs, des cavernes, dans l'air et même dans le cœur des gens, en attendant le moment propice (c'est à dire au bon moment et par les êtres bénis) où ils seraient découverts naturellement ou qu'ils apparaissent dans l'esprit des êtres humains.

Le Tibet est le dernier pays d'Asie à avoir reçu le bouddhisme et a bénéficié ainsi des grandes synthèses, doctrinales et pratiques, qui avaient auparavant été formalisées en Inde. Cette diffusion du bouddhisme indien au Tibet s'effectua en deux temps : une première diffusion eut lieu au VIIIe siècle, grâce, notamment, au personnage semi-légendaire de Padmasambhava (ou Guru Rinpotché) ; elle donna naissance à l'école qu'on appelle aujourd'hui nyingmapa (l'école "ancienne"). Une deuxième diffusion lui succéda, au XIe siècle, qui donna naissance à des écoles "nouvelles" (sarmapa), représentées aujourd'hui par deux courants : kagyüpa et sakyapa. Ces trois écoles se rattachent donc à des enseignements et à des enseignants d'origine indienne, à partir desquels elles développèrent leur propre tradition.

L'école gelugpa (à laquelle se rattache le Dalaï-Lama) n'apparut, elle, qu'au XIVe siècle et est donc proprement tibétaine.

Ces écoles tibétaines appuient leurs enseignements sur la doctrine et la philosophie du Mahayana (le "Grand Véhicule") que complètent des pratiques présentées dans des textes appelés tantra. Chaque tantra propose un ensemble particulier de pratiques variées et précises (sâdhana) : rituels, méditations, visualisations. Leur complexité, et le caractère hautement symbolique de leur présentation, réclament l'enseignement indispensable d'un guru (lama en tibétain). Le principe essentiel des tantras est la "transmutation" des émotions et des passions, qui permet au pratiquant de développer sa "nature de Bouddha". Le dzogchen, quant à lui, vise à reconnaître et à faire surgir directement la nature réelle de l'esprit, naturellement éveillée. Les pratiques tantriques se présentent ainsi davantage comme une voie de transformation, alors que le dzogchen se veut une voie directe, "sans efforts ni distraction". Sous son influence se développa aussi la pratique du mahâmudrâ, très proche du dzogchen mais qui reste essentiellement tantrique.

La distinction entre les différentes écoles (et parfois, aussi, leurs courants internes) est essentiellement due aux textes et aux "lignées de transmission" auxquels chacune se rattache, ainsi qu'à des caractéristiques sur lesquelles elles insistent davantage.

Ainsi, l'école nyingmapa privilégie elle l'enseignement du dzogchen, alors que les autres écoles proposent plutôt un parcours fondé sur les pratiques tantriques, parachevées par l'enseignement du mahâmudrâ. D'autre part, l'école sakyapa est réputée pour son enseignement philosophique et l'école gelugpa pour la rigueur de sa pratique monastique et l'importance qu'elle accorde à l'étude.

La tradition nyingma désigne la plus ancienne lignée du bouddhisme tibétain ; le terme nyingma signifiant ancien. L'école nyingma fut fondée au VIIIe siècle par Padmasambhava venu de l'Inde au Tibet. Celui-ci fut ainsi le premier maître bouddhiste tantrique du Tibet.

Les moines de cette école ont l'habitude de porter des bonnets rouges, d'où le nom d'*école des coiffes rouges* donné à la lignée nyingma.

Après Padmasambhava, d'autres maîtres du Bouddhisme tantrique tels que Dharmakirti, Buddhaguhya, Vimalamitra… vinrent également au Tibet répandre l'enseignement du Vajrayana. Dharmakirti répandit le Yoga Tantra. Buddhaguhya diffusa les Kriya et Carya Tantras, et Vimalamitra propagea l'Anuttara Tantra.

Dans les premiers temps, les adeptes de l'école nyingma étaient encore dispersés et les organisations fractionnées. Il n'y avait pas de monastère. Les contenus des enseignements n'étaient pas homogènes et les types de transmissions étaient multiples. Par ailleurs, un certain nombre d'adeptes incluaient encore des éléments de l'ancienne religion du Tibet (le bön) dans le bouddhisme tantrique.

Au XIème siècle, des monastères nyingmapa furent construits et leurs activités prirent une certaine envergure. L'école nyingma fut véritablement établie à cette époque, mais elle n'égala pas les autres écoles qui avaient déjà atteint une organisation stable et influente.

Par la suite, ce fut aux XVIe et XVIIe siècles que des temples bien structurés apparurent grâce notamment à l'impulsion du Ve Dalaï-Lama (bien que ce dernier fût le guide spirituel de l'école gelugpa, il avait pratiqué certaines méthodes des nyingmapa et il avait aussi écrit quelques ouvrages sur les enseignements nyingma).

Padmasambhava prédit qu'en raison d'un karma collectif, un désastre bouddhiste apparaîtrait au Tibet : la persécution du Bouddhisme par le roi Langdharma. Il dissimula alors de multiples trésors du Vajrayana tels que des écrits tantriques, des objets rituels dans des rochers et dans d'autres lieux secrets. Il les plaça sous la garde de ses divinités protectrices (Dharmapalas). Padmasambhava fit vœu pour que des adeptes futurs puissent découvrir et mettent en pratique ces trésors afin de les propager. Ceci correspond à un des modes de transmission de l'école nyingma : la transmission par les trésors spirituels cachés.

L'école nyingma scinde tout l'enseignement bouddhiste en neuf véhicules :

La voie des Auditeurs, celle des Eveillés pour soi et celle des Bodhisattvas : cet ensemble correspond aux trois véhicules de la voie des Sutras (Hinayana et Mahayana) transmis par le Bouddha Sakyamouni en corps d'émanation.

Le Kriya Tantra, l'Upa Tantra et le Yoga Tantra : ces trois véhicules constituent les trois Tantras externes du Vajrayana enseignés par Vajrasattva en corps de jouissance. (Remarque : après avoir atteint l'illumination, le Bouddha Sakyamouni avait initialement enseigné le Bouddhisme tantrique. Mais la maturité spirituelle des êtres n'étant pas suffisante, cet enseignement ne fut ainsi pas diffusé. Le Bouddha Sakyamouni le confia à Vajrasattva (le bodhisattva Vajrapani, afin de préserver et propager le Dharma tantrique.)

Le Mahayoga (la phase de génération), l'Anuyoga (la phase de perfection) et l'Atiyoga (la grande perfection) : ces trois véhicules correspondent au Tantra suprême du Vajrayana désigné sous le nom d'Anuttara Tantra et transmis par Adi-Bouddha en corps absolu. L'enseignement unique le plus élevé de l'école nyingma est la "grande perfection" du Tantra suprême.

LES MYSTIQUES DE L'EGLISE

Essentiellement réservée aux religieux et religieuses, la mystique de l'église est au cœur de la tradition catholique depuis l'émergence des premiers chrétiens.

Issus, des cénacles des anciens mystères païens et gnostiques, les mystiques de l'église ont été souvent recadrés dans les formes des conciles. Le concile de Nicée (325), le tout premier, avait déjà fixé les questions dogmatiques et d'appartenance comme un appel à l'ordre du chaos qui régnait dans les minuscules sectes orientales.

Parmi les premiers gnostiques précurseurs dans la théologie christique et mystique, furent les ophites.

L'ophisme, du grec "*Ophis*" le serpent, a tenu une place importante dans nombreuses sectes gnostiques. Comme principe de Pneuma, du souffle divin, le serpent représentait l'union sexuelle de l'homme et de Dieu. Porphyre dit : "A la mort, l'âme quitte le corps sous la forme d'un serpent". En dehors de l'épisode de la genèse où le serpent séduit la femme et conduit au péché, le serpent a été souvent évoqué aussi comme un logos régénérateur. Le serpent d'airain de Moise dans le désert pour la guérison et le rétablissement, le serpent de Moise avalant les serpents égyptiens etc…

Cependant, il est des sources innombrables que la représentation du serpent comme principe régénérateur, du Pneuma, ou du souffle de régénération, est des sources grecques, sumériennes et égyptiennes.

Avant de se faire appeler gnostiques, les prêtres conservateurs de ces mystères se sont fait appelés Naassènes du mot hébreux *naas* (*naschaasch*) qui veut dire serpent. Les plus célèbres chefs et mystiques gnostiques dont le monde moderne conserve encore mémoire vérifiable sont Basilie d'Alexandrie et son fils Isidore.

La gnose prend encore une forme plus élaborée dans les écoles de Valentin d'Alexandrie où furent enseignés la théogonie, la cosmologie, l'anthropologie et la sotériologie ou la doctrine du salut. Ces branches des connaissances, aujourd'hui sont présentes dans presque toutes les traditions du monde que soit de manière simplement empirique.

De nos jours, ces enseignements ésotériques sont restés dans les caveaux des églises modernisées et magnées par les différents conciles. Toutefois, nous n'en doutons qu'il soit d'existence des initiations sérieuses dans les souterrains des couvents, des monastères et dans les cercles fermés et internes de l'église.

CONCLUSION

Une spiritualité sans religion est possible. Possible pas du sens raisonné du raisonnable mais bien de l'intelligible action dans un cosmos vivant, viable et conscient. Le contact permanent de l'âme humaine avec les sources invisibles de la nature en est le soubassement sans nécessairement évoquer la cavale d'un dogme.

Une ascension de l'âme vers le beau, le juste et le vrai, constitue une longue route et parfois solitaire quoi que d'apparence groupale ; habillé des vertus universelles et de l'essence de la philosophie. Toute la spiritualité consiste en cette ascension !

Le modèle classique de Platon dans la République (livre VII) présente une nettement une vision initiatique suggérant cette croissance graduelle.

La procession intérieure fait une esplanade rhétorique sur le parvis du sacre et de l'initiation. C'est une autre dimension d'appréhension du voyage de vie terrestre que se propose l'être humain de se garder en mémoire et conscient. De l'innocence d'une tradition non consignée à une vue plus réaliste des faits.

Comme un mythe, ce voyage pourtant vrai, se propose une croissance graduelle de l'âme dans un concert des forces diverses et nommés différemment suivant l'aspiration même de l'âme concernée ; dispensé jadis dans les temples et tombeaux de l'ancienne Égypte et de la Grèce antique, cette intuition du sacré n'a jamais quitter l'homme. La recherche des témoins invisibles dans la nature est une des intuitions universelles que l'homme a eu pour l'élévation de son âme. Les symboles en font également parti.

La tendance grégaire de l'homme donne lieu à des assemblées. Formes d'entités (morales) ayant une force psychique jouissant d'une certaine autonomie et d'une force généralement supérieure à la somme des forces psychiques des membres qui la constituent. Cette conscience collective, nommée égrégore est au centre de toute évolution sociale, philosophique, morale comme base d'un bon développement.

Le rituel comme outil opératif alloué à cette procession intime et individuelle est, en même temps et souvent, ce qui perd boussole et détourne de la ligne d'ascension.

La richesse est le fruit d'un travail rémunératoire. Et le travail est l'exercice des atouts et des combinaisons des forces pour un résultat souhaité. Toute notre éducation devrait être basée là-dessus.

Obtenir une initiation magique ou théurgique ne rend pas moins riche. Mais pourrait bien ouvrir la porte des potentiels individuels.

BIBLIOGRAPHIE

Ouvrages

Jean-Louis De BIASI, *Livres sacrés hermétistes*, Adaptation et traduction, Editions Theurgia, 2014

Jean-Louis De BIASI, *La magie des Déesses et des Dieux*, Editions Theurgia, 2015

Durville, *Soma*, initiation Eudiaque 1er grade, Librairie du Magnétisme, Paris, 1999

Durville, *Pneuma*, initiation Eudiaque 1er grade, Librairie du Magnétisme, Paris 2004

Durville, *Dianoia*, initiation Eudiaque 1er grade, Librairie du Magnétisme, Paris 2011

Joseph NKANTA MABIKA, *La Mystification fondamentale (MERUT NE MAÂT), aux sources négrides de la philosophie*, Presse Universitaire de Lubumbashi, 2002

Collectanea Hermetica, edited by W.WYNN WESTCOTT, MB,DPH, Volume VIII, *"Egyptian Magic"* by S.S.D.D

Msg T. Tshibangu Tshishiku, *La théologie Africaine*, éditions Saint Paul Afrique, 1987

C. Humphreys, *Une approche occidentale du Zen*, Editions Payot, Paris 1977

OSWALD WIRTH, *Les mystères de l'art royal*, Editions Dervy, 2012, page 81

Platon, *La République*, Livre VII, traduction E. Chambry

A.D. NOCK, *CORPUS HERMETICUM, T2, Traité XIII-XVIII, Asclepius*, Editions Les Belles Lettres, Paris, 1945

Eglise de Jésus-Christ des saints des derniers jours, *Enseignements des présidents de l'église, BRIGHAM YOUNG*, 1997

Charles W. L., *Le côté occulte de la Franc-maçonnerie*, Genève – Paris 1981

Geoffrey HODSON, *At the sign of the square and compasses*, the Eastern Federation International Co-Freemasonry, 1976

Dan BURSTEIN & ARNE DE KEIJZER, *Secrets of the lost symbol*, Weindenfeld & Nicolson, London 2010

Jules BOUCHER, *La symbolique maçonnique*, Dervy-livres, Paris de 1948 à 1984

Carine Van Liefferinge, *La théurgie*, Presse Universitaire de Liège, 1999

Irène MAINGUY, *La franc-maçonnerie clarifiée pour ses initiés, l'apprenti*, Editions Dervy, Paris, 2011

Oswald WIRTH, *La Franc-maconnerie rendue intelligible a ses adeptes, le compagnon*, Editions Dervy, Paris, 2013

Patrul RIMPOCHE, *Le chemin de la grande perfection*, Editions Padmakara

Lilian SILBURN & Allü, *Aux sources du Bouddhisme*, Fayard, 1997

Alfred FOUCHER, *La vie du Bouddha*, Maisonneuve, Paris, 1993

Franc CUMONT, *Les réglions orientales dans le paganisme Romain*, Librairie Orientaliste Paul Geuthner, Paris, 1929

Périodiques, revues et sites internet

Magie et Théurgie, Numéro 1, Juillet-Septembre 2011

www.okrc.org

www.aurumsolis.org

www.tcheulang.org/le-bouddha-shakyamouni

www.ingramcontent.com/pod-product-compliance
Lightning Source LLC
Chambersburg PA
CBHW072203090426
42740CB00012B/2365